徳川時代の異端的宗教

戸隠山別当乗因の挑戦と挫折

曽根原理 Satoshi Sonehara 【著】

岩田書院

目　次

序　章

一　注目される乗因

本書の主要登場人物である乗因《じょういん》（一六八二～一七三九）は、江戸時代における特異な思想家である。しかしその名を聞いて、すぐに人物像を思い浮かべることのできる人は、決して多数派ではないだろう。最初に彼について、『日本思想史辞典』（山川出版社、二〇〇九年）に以前執筆した内容を示すことで紹介したい。

乗因　江戸中期の天台宗の僧。宝永期（一七〇四～一一）初めに比叡山で、天海の法流を伝える宣存から山王一実神道を伝授されたという。享保年間（一七一六～三六）江戸の寛永寺に住した頃、すでに摩多羅神を祀っていた。一七二七年（享保一二）に信濃国戸隠山勧修院の別当に着任すると、山王一実神道に戸隠修験や、「旧事大成経」由来の霊宗神道を加えた「修験一実霊宗神道」を提唱した。灌頂、衣体、法式などを変更したため衆徒の反発をうけ、本寺である寛永寺と対立して、一七三九年（元文四）八丈島に流された（三宅島説もあり）。彼の思想は、三教一致説の影響と、仏教を世俗倫理に合致させる志向とで把握される。

乗因は、時の教団や政府に反抗し弾圧された宗教者として低評価をうけ、それは同時代に始まりほぼ現在に到っている。高僧や偉人を連ねた公認の歴史に対し、普通の人々の視点から見直しを図る際に、乗因を突き動かした怒りや閉塞感は、かえって現代の視点から江戸時代の実態を把握し直すことになるかもしれないと思われる。〈正統〉でなく〈異端〉の思想家に注目する所以である。

乗因建立の「守護不入之碑」
戸隠本坊前に自らの支配権を示した（2008年8月撮影）

鎌倉仏教（親鸞・日蓮など）の研究が盛んだった頃、日本の中世仏教を〈正統／異端〉に分類することに対し、疑義の声を耳にすることがあった。本来、西欧キリスト教史の用語であり、その前提となる教権と俗権の関係性について、彼我の違いが論じられていたように記憶している。日本の近世は、中世に比較すれば、聖俗の関係性がより密接ではあるが、それでも〈正統／異端〉概念を無前提に使用することは憚られた。本書の題名に「的」の一文字を加えた第一の理由である。だが、それだけではない。

第二の理由として挙げられるのが、本書の主人公である乗因の中の〈ねじれ〉である。彼の言動は、結果として明らかに〈異端〉であったため、本人は寺社奉行によって遠島の処罰をうけ、戸隠神社では関係史料が焼かれ、寛永寺教団においては彼の教説が全否定されるなど、聖俗両界から存在を排除されるに到った。しかしながら、彼自身は恐らく最期まで自身を〈正統〉の側と考えていたのであり、またそれは単なる個人的妄想ではなかった。詳しくは本文をご覧頂きたい。

体制に弾圧され、近世を通じて無名であったため、乗因を知る人は少なかった。地元の自治体史などに記述があり、戦前は勤王僧であったという思い込みから注目された例があったものの、宗教者や思想家としての検討は、主に一九九〇年代以降になるであろう。(1)ところが、最近十年ほどの間に様子が変わり、国内外の研究者が取り上げる機会が増えている。中でも目立つのが、海外の研究者の動向である。一つの例を挙げる。

……二十五年前に東照宮大権現縁起に目を通したが、その内容は次のように要約される。つまり、山王権現は天地創造や陰陽の上位にある「すべての神の普遍神」であり、すべての仏に優越するという。この史料には、仏教による支配権の正当化への言及はない。しかし、ウィリアム・ボディフォード氏が最近指摘しているように、称徳天皇が一〇〇〇年前に用いたものと同じ金光明最勝王経が家康の神格化の着想の源になっている可能性が極めて高い。このことは、東照宮建立から一〇〇年が経過した一七二八年に、少なくとも乗因によって示唆されている。この神号に関する示唆は、乗因自身の理解によるものなのか、あるいは天海の理解が反映されたものなのか判断することは困難である。さらに、乗因の史料は、将軍家に仕える僧侶に向けたものなので、イデオロギー上の効果があったとは考えにくい。乗因は、自分から見て天台宗の上位僧である公寛法親王の要請への返答という形で、家康の死後に贈られた神号の根拠を説明するため、いくつかの文書で自分の見解を述べている。乗因の回答のうち、特に、三つある文書の一つ目で、称徳天皇が宣命で用いた金光明最勝王経「正法正論品」について繰り返し言及している。(2)

右のヘルマン・オームス説がどの程度妥当な見解かは別の機会に論じるとして、ボディフォード氏(3)やオームス氏(4)のような、米国を代表する日本思想史研究者が注目するなど、乗因の言説の検討は、学界において一定の市民権を得つつあるように思われる。(5) ともすれば停滞や閉塞を感じる現在の状況が、あるいは体制と〈ねじれ〉の位置にあった乗因への関心を呼び起こしているのだろうか。

二　本書の内容

収録した論考は、いずれも既発表のものに、誤植を直すなど最低限の手を加えてある。おのおのについての初出や概要などは、次の通りである。

第一章　山王一実神道の展開（初出は『神道宗教』一四三、一九九一年）

乗因は徳川時代を通じて、将軍家や寛永寺教団に従わず処罰された、反体制の思想家と見なされていた。当初は天海流の山王一実神道に忠実な立場であったのが、途中から道教の徒に変化した結果、処罰されるに到ったというのであり、その見方は近代にまで継承されている。だが筆者が調査したところ、徳川時代の寛永寺教団の動向は、決して不変・不動ではなく、一七〇〇年前後で大きな転換を示している。そうであるなら、天海などが活動した一六〇〇年前後の〈正統〉思想に忠実だった乗因が、時代を経て変化した教団により処罰されたという見方も可能ではないだろうか。本章はそうした観点に基づき、特に乗因の「道教的要素」と見なされた点を検証し、乗因の道教への傾倒は部分的なものにとどまること、密教などの受容は天海と通じる側面を持つことなどを論証した。変化したのは教団であって、乗因ではなかったのである。

第二章　乗因の神道説の異端的性格（初出は菅原信海編『神仏習合思想の展開』汲古書院、一九九六年）

乗因の異端的言動の中に、天海など徳川時代初期の天台教団の〈正統〉に通じる要素があったとしても、それだけで彼が〈異端〉でなかったことの論証にはならない。言動の一部だけでなく、全体構造によって判断する必要があるからである。乗因の思想の全体構造分析を試みるため、戸隠修験の受容、および『大成経』の受容（「霊宗神道」の要素）の二つの側面から検討を試みた。その結果、戸隠修験の強調は天海の思想と対立するものというより、統制を強めつつあった一七〇〇年以降の寛永寺教団との対決色の濃いことが理解できた。また『大成経』の受容には、独自に規定された〈天皇を中心とする秩序の観念〉が見られた。乗因の思想のこうした特質は、中世以来の口伝主義に連なるもので、近世になって寛永寺教団に作られた新たな宗教的秩序とは対立的である。新たに成立した寛永寺教団の立場に立つなら、乗因の〈異端〉性は、部分的なものにとどまらない。彼の思想の全体構造が〈異端〉的なのである。

第三章　即伝と乗因（初出は『山岳修験』三一、二〇〇三年）

戸隠山を拠点として編み出された乗因の神道説は、従来の戸隠修験の思想とどのような関係になるのかについて、中世戸隠修験の教説の中心となる、即伝の思想との比較を試みた。即伝の編著の中には数か所、「一実」の語句が見える。これは言葉自体としては、中世の天台宗教団が奉じた山王神道や、山王神道をもとに十七世紀に天海が作り出した山王一実神道に見える「一実」の語に等しいように見える。では即伝と乗因は天台宗の神道を通じて、同質の思想家と把握されるのだろうか。

中世の天台神道では「一実」は天台宗教学に基づく概念であり、「一実」の主張は天台教学の優位性を含んでいた。

ところで即伝の場合は、それとは異なる。彼の「一実」の語においては、優位性を主張されるのは修験である。真の「一実」をもたらすのは、天台教学でなく修験なのである。では乗因はどうか。乗因においても、「一実」の強調は修験、しかも戸隠山の修験を宣揚する文脈で使用されていた。乗因は寛永寺教団とは別の至高性を模索する中で、即伝流の修験至上という価値観に到り、それによって本格的に反体制の方向をとる確信を得たのではないだろうか。

第四章　戸隠山別当乗因の弟子たち（初出は『山岳修験』四五、二〇一〇年）

乗因の思想的な側面とは別に、彼の戸隠山運営についても謎の点が多い。どの程度の衆徒が彼に同調していたのか、その人々は乗因と共に江戸から乗り込んだのか、それとも地元の衆徒たちが別当である乗因に協力していたのか、等である。史料的制約から解明に到らない点も多いが、乗因と弟子たちとの関係については、『金剛幢』『本坊並三院衆徒分限帳』、さらに戸隠山の共有文書から判明した点もある。乗因は別当として就任後、戸隠の衆徒数名を配下につけ山内の運営を行った。乗因の失脚後、配下の衆徒たちは一山に詫びを入れ、元の立場に戻ったらしい。戸隠一山は正常化したようであるが、周辺にも多少の影響のあったことが、あわせて解明された。

第五章　乗因と霊空（初出は源了圓・玉懸博之編『国家と宗教』思文閣出版、一九九二年、原題は「禁じられた信仰」）

乗因の思想的立場を明確にするため、本章では霊空との対比を試みる。比較の対象は中世以来の口伝主義教学、およびそれに基づく神＝摩多羅神、である。摩多羅神は、インドや中国の正統的仏典には姿の見えない、日本で造型された神であり、欲望がそのまま悟りであるという教学（＝煩悩即菩提）の形象化ともいわれる。乗因は摩多羅神を擁護し、伝統的な口伝主義の立場を鮮明にした。それに対し霊空は、伝統的な口伝主義を否定すると共に、摩多羅神についても「末学の邪伝」と見なした。両者の対立は本質的であり、霊空の説く「安楽律」が寛永寺教団の正統教学になったことから、乗因の失脚は必然であったことが理解できる。

乗因と同様に、摩多羅神も弾圧され姿を消す運命と思われた。ところが実は、この時期の寛永寺教団の首脳（執当）の手によって、摩多羅神信仰の書が記されていた。そこには、国家を守護する行疫神の造型が見られたことから、寛永寺教団の真意は、口伝主義や呪力の撲滅ではなく、それらの国家管理であったかもしれないと論じた。

第五章補論　日光三所権現と東照三所権現（初出は『地方史研究』二五〇、一九九四年）

地方史研究協議会の第四十五回大会が栃木県宇都宮市で開催されるのにあわせて、特集「地域社会と宗教」に一九本の「問題提起」が集められたうちの一本。直接に乗因や戸隠山には関わらないが、第五章に登場する鶏足院覚深に触れた記述を含むことから収録した。

本文はほぼ初出時と同じであるが、枚数制限のため簡略化した註を本来の形に直した。また、『滝尾権現霊託記』の諸本研究の成果を取り入れ、一部改訂を施した。

第六章　霊宗神道説の広がり（新稿、二〇一二年日本山岳宗教学会における口頭発表に基づく）

乗因が自らの神道を「霊宗神道」と呼称した点について、主に『大成経』との関係から論じられ、筆者も多少の検討を行ってきた。しかし、辞書的な説明を大きく超えるものではない。正面から霊宗神道の教理分析を試みるために、「霊宗」の語の由来を検討したところ、特に注目されるのが吉田神道書であることを発見した。また、先行研究に助けられ、霊宗を含む三種の神道説の中にも、禅宗系と天台系とでも呼ぶべき二系統が存在し、乗因は後者に属することが確認できた。乗因を取り巻く思想家や思想動向については、各派の仏教僧や神道者が入り乱れ、なお渾然としている。しかしその中でも、乗因とほぼ同時代を生きた偏無為に注目し、従来以上にその教説の分析を試みたところ、乗因以降の霊宗神道説の展開も垣間見られたように思う。

霊宗神道の全体像は、なお解明の端緒についたに過ぎないが、乗因研究の広がりを確認する意味もあり、本書に掲載する。

三　今後の展望

乗因の思想や活動を検討する上で、基本となる文献の多くは『戸隠』㈠・㈡〈続神道大系神社編〉(二〇〇一年)に収録され、比較的利用しやすい形になっている。新たな史料の発見については、戸隠社の共有文書を含む、地元の個人蔵文書の類について、なお調査の余地がある。大正大学では平成二十七年(二〇一五)より学内助成によって本格的な現地調査が実施されており、関連史料の発掘が期待される。

乗因の思想内容について、個人的には霊宗神道の広がりが重要と考えている。乗因は自己の教説を、最終的に「修験一実霊宗神道」と名づけた。「修験」は戸隠修験、「一実」は山王一実神道を表すが、いずれも下の語を説明する機能を果たしている。一番重点を置かれているのが「霊宗」である。では、「霊宗神道」とは何か。やや長くなるが一部引用するなら、辞書的説明は次の通りである。

霊宗神道　れいそうしんとう　仏家神道の一つ。江戸時代に潮音道海(一六二八〜九五)によって創唱され、乗因

（一六八三《ママ》～一七三九）によってさらに展開された教説。「霊宗」という名称の由来は、江戸時代前期の黄檗宗の僧侶潮音が撰述した『先代旧事本紀大成経』（以下『大成経』と約す）の「神代本紀」のなかにある「児天思兼命……斯神伝霊宗道」という一文によるといわれている。潮音はこの大成経を中心にした神道説を展開したが、いわゆる「大成経事件」（旧事大成経の偽作）によって処罰された。その後を受けて、江戸谷中で神道を講じていた依田貞鎮（偏無為）（一六八一～一七六四）はこの大成経流の神道を継承・発展させ、『大成経来由』『大成経来由審問』などを編し、さらに『霊宗全書』『参元全書』『宗源神道』といった大部の神道書を次々に著した。その思想的な特色は、神儒仏の三教融和を基にするものであった。今日「霊宗神道」に対する評価は、貞鎮の事績が詳かにしえないこともあって、戸隠山霊宗神道の始祖となった江戸時代中期の天台宗僧侶の乗因の神道事跡をもってなされているといえよう。乗因の神道事跡は、彼自身が流刑地の八丈島（一説に、三宅島とも）に没し、その神道書も異端としてすべて焼却されてしまったために、不明な点が多くその全体像は明らかではない。以下、乗因の唱えた「霊宗神道」（彼自身は「修験一実霊宗神道」と称した）の思想的特色およびその残存した著作につき、紹介しておく。……(6)

このように現在、「霊宗神道」は『大成経』関係者の間に伝承されたものと考えられているが、その内容についての研究はまだまだ乏しい。数少ない先行研究の中には、『大成経』関係者の中に禅宗系（潮音や徳翁など）とそれ以外の異なるグループが存在したことを示唆するものがある。(7)また、「霊宗」の語の用例をたどるなら、吉田兼倶著『唯一神道名法要集』が一定程度関与していた痕跡を推定できるかもしれない。(8)このような各種の思想潮流の中で把握を試みることで、乗因の思想的位置がより確定されていくことと思われるが、全て今後の課題である。

註

（1）乗因の研究史については、拙稿「解題」（神道大系編纂会編『戸隠』㈠〈続神道大系神社編〉二〇〇一年所収）を参照。

（2）H・オームス「日本における支配の正統性」（大橋一章・新川登亀男編『「仏教」文明の受容と君主権の構築』勉誠出版、二〇一二年所収）。

（3）W. M. Bodiford（1955〜）は米国の仏教研究者で、現職はカリフォルニア大学ロサンゼルス校教授。著書 Sōtō Zen in Medieval Japan. University of Hawaii Press（2008）. や編著 Going Forth : Visions of Buddhist Vinaya. University of Hawaii Press（2005）. などで知られる。乗因については Matara : A Dream King Between Insight and Imagination", Cahiers d'Extrême-Asie, 16,（2009）などで論じている。

（4）Herman Ooms（1937〜）はベルギー出身の米国の日本学者で、カリフォルニア大学ロサンゼルス校名誉教授。特に Tokugawa Ideology : Early Constructs, 1570-1680 Princeton University Press（1985）と同書の日本語翻訳（ぺりかん社、一九九〇年）で知られている。

（5）最新の論考としては、ケイレブ・カーター「乗因の作り変えた山王一実神道—戸隠山の位置をめぐって」（『季刊日本思想史』八二、二〇一七年）がある。

（6）国学院大学日本文化研究所編『神道事典』（弘文堂、一九九四年）矢崎浩之執筆部分。

（7）佐藤俊晃「徳翁良高の神道思想—河野文庫所蔵『神秘壺中天』を中心に」（『宗学研究』四一、一九九九年）。

（8）曽根原理「戸隠山別当乗因における霊宗神道説」（第三十三回日本山岳修験学会大峰山学術大会における口頭発表、二〇一二年、本書第六章に収録）。

第一章　山王一実神道の展開

――乗因を対象として――

はじめに

信濃国水内郡の戸隠神社は、〈嘉祥三年（八五〇）学門行者により開創〉という伝承を持つ、同国屈指の大社である。[1]中世を通じて神仏習合が進み、修験の拠点として栄えた歴史を持つ。戦国期には一度衰えたものの、近世に入り、天台宗の支配下で繁栄をとり戻すに到っていた。

一山の組織は奥院・中院・宝光院の三院から構成される。各院には社殿と、そこに勤仕する僧侶の坊舎が設けられた。さらに全体の統轄者として、本山である寛永寺から別当（勧修院）が派遣され、中院に在駐していた。その別当に対して、三院の衆徒が排斥運動を起こすという事件が持ち上がる。元文三年（一七三八）九月のことである。

本山に対する衆徒たちの口上書には、騒動の原因が次のように記されていた。

……然処、当御別当御住職已来今年迄十ヶ年之間、古来之法式及二断絶一、新規之御制条御取行、殊更神前之法楽、朝暮之勤行不レ残道徳経・五輪観抔と申候法式被二申付一、何ニ而茂出家如法之行相者曾而無レ之候。勿論入講・灌頂等相勤、山門大会竪儀勤候儀可レ為二無用一旨急度御停止、其上着用之袈裟衣茂御別当を始半俗同前ニ罷成、全体他宗別山之ありさまニ成り果候。[2]

（乍レ恐口上書を以三院衆徒一同奉二願上一候事）

別当の悪行として挙げられているのは、まず「古来之法式」を破り「新規」に代えたことである。具体的には〈法楽・勤行の方式〉〈衣体〉の二つが指摘されている。ところでそれは、当時にあっては、単なる〈変更〉で済まされない意味を持っていた。

広く知られているように、法式・衣体の制定は、徳川政権が宗教統制を行う上での重要な手段である。例えば、将軍の朱印状によって発布された寛文五年（一六六五）の法度には、「諸宗法式相乱すべからず、若し不行義の輩之れ有るに於いては、急度沙汰に及ぶべき事」の一条が見られる。[3] また、同時に老中連署で発布された法度にも、「僧侶の衣体、其分限に応じ之れを着すべし。并に仏事作善の儀式、檀那之れを望むと雖も、相応に軽く仕るべき事」と記された。[4] 紫衣事件（一六二七年）の例を出すまでもなく、法式・衣体の制定は政治支配浸透の表現であり、上裁を経ない私的な変更は、世俗権力への挑戦といっても過言ではない。実際、戸隠の衆徒の間にも十分それが意識されていたことは、引用文の前に「権現様より以後代々御制条・慈眼大師御定書厳密の御書等も之れ有り」と、家康以下代々の将軍と天海の名を出すことで、絶対的な権威を持つ制条として法式等が捉えられていることから窺える。ところが別当は、それらを蔑ろにしたという。

さらに口上書は別当の悪行として、「平生の御政道御非道の儀共数多にて五十三坊難儀に及び候」と記す。具体的には、①衆徒の些細な過失を大仰に取り上げ、寺院召上・隠居・逼塞・閉門等を命令したこと、②百姓に対しても同様の振舞をしたこと、③先例を無視した人事、④教義の独断的変更、などが挙げられている。そしてこれらの諸点は、かなりの程度まで事実であったことが史料的にも裏づけられる。[5]

このような事態に到っては、寛永寺の側でも放っておくわけにいかなかったであろう。翌元文四年の二月に寛永寺から戸隠社へ下された書状には、同年正月に別当に対して遠島（八丈島）の刑の執行されたことが記されている。そしてその理由は、「非義を企て、異法を好み、殊に支配相背き候に付」と伝えられている。「異法」とは、口上書に見られる「道徳経・五輪観抔」を指す。寛永寺は衆徒たちの主張を認め、別当の行為・教義を否定し、遠島に処したのである。事件はこうして決着した。[6][7]

別当の名は乗因という。

このように乗因は、まず、徳川体制に反抗した行動・思想によって、体制側から処分された人物として歴史上に登場する。ところが興味深いのは、そのような現実がある一方で、彼自身は明確に、自己を山王一実神道の伝承者に擬している事実である。

仰一実神道トハ、慈眼大師所《ノ》レ奉《玉フ》レ伝二授《シ》東照大神君《ニ》一之御子孫繁昌・国家安全・万世不易之大法ナリ。其《ノ》根源ヲ原レハ、天文年中慈眼大師比叡山ニ登リ、神蔵寺ノ実全上人ニ従テ所《ノ》レ伝《ル》法華止観ノ深義、山王神道ノ玄旨ナリ。[8]

（『山王一実神道口授御相承秘記』）

享保十三年（一七二八）、実観（寛永寺学頭）からの下問に対し乗因は、「山王一実神道（以下、乗因自身の表記に従い「一実神道」）は天海（慈眼大師）が徳川家康（東照大神君）に伝授した治国の法である」と述べる。そして続く文章の中で、天海―宣祐―宣存―乗因という相承を記し、自らの立場を一実神道の教学を伝える者として、位置づけているのである。

もしこの乗因の主張を認めるならば、彼は体制擁護の思想を持ちながら、体制（徳川政権・寛永寺）に異端視され処罰を受けたこととなる。というのも、天海（一五三六～一六四三）によって主張された一実神道は、徳川家康の神格化を担うことで、政権の宗教体系の最頂部に位置づけられるからである。本来体制を守るべき思想が、体制から否認されたという事実は、どのように解釈すれば良いのだろうか。

その点について、従来の解釈は明快である。[9]すなわち寛永寺の側に立ち、乗因の主張を誤りとするのである。その代表は小林健三氏で、小林氏は「然るに後期に入ると、漸く乗因の独特なる道教的思想を根抵とする神道に転化して行くのは注意すべきことでなければならぬ」と述べ、乗因の思想に正統的一実神道からの逸脱が有ったことを指摘する[10]。そこでは、〈乗因＝異端〉の原因は乗因自身の問題――小林氏によれば「道教的」傾向の増大――に帰結されているのである。しかし、そのような解釈の仕方は、果たして妥当なものであろうか。

筆者は以前、戒律の面から、寛永寺の立場に時代による変化の見られることを論じたことがある[11]。乗因に関しても、体制から処罰されたということで、彼の思想が逸脱したと見るのは早計ではないか。体制の立場とて、常に一貫しているわけでは無いのである。本当に逸脱であるかどうかは、寛永寺の処罰に拠ってではなく、天海の一実神道論との比較の上になされるべきであろう。そのような観点から、筆者はもう一度、乗因の思想自体に分析を試みる余地があると考える。具体的には〈逸脱といわれる内容＝「道教的」傾向の増大〉に目を向けることから始めたい。

乗因の批判を道教に親しんだ点に求めることは、近世後期には既に行われていた[12]。しかし、ここで問いたいのは〈道教〉の内容である。用語の点では、天海以来の一実神道との齟齬が見られるであろう。しかし内容についてはどうか。まずその点から考察を試みたい。

一　乗因における〈道教〉――小林説の検討――

思想の検討に入る前に乗因自身について触れておこう。先行研究が明らかにした彼の主な経歴は、左のようである。(13)

天和三　生まれる。
宝永初　この頃、比叡山宝積院で宣存(天海の法孫)に認められ、山王一実神道の伝授・神影付属を受ける。さらに叡山に伝わる秘密参社の行事を豪玄に受け、山王神道の経典『山家要略記』を授けられる。
享保初　この頃、寛永寺勧善院に居住。
一〇　寛永寺東漸院に転ずる。
一二　戸隠勧修院に別当として赴任。
元文四　天台宗に対し「非義を企て異法を好」んだとして、八丈島へ遠島。同地で没す(五十七歳)。

ところで小林健三氏は、乗因が自身の神道を「修験一実霊宗神道」と呼ぶ、その「霊宗」の性格づけに着目し、戸隠転主後の思想の時期区分を行っている。すなわち、『旧事本紀大成経』に基づき、天思兼命からの相承を強調して「霊宗」の語を用いる前期(享保年間)と、『道徳経』の所説を付加し、道教の影響が強まる後期(元文年間)の二期に分けるのである。小林氏の時期区分に従うなら、乗因の著作は左のように整理される。(14)

（戸隠前期）

一　一実神道口授御相承秘記（享保十三年）

二　転輪聖王章

三　転輪聖王章内篇（享保十九年）

四　戸隠大権現鎮座本紀

五　戸隠山神領記

六　戸隠山別当社職血脈系図

七　修験一実霊宗神道密記

八　道徳経

（戸隠後期）

九　戸隠山大権現縁起

一〇　金剛幢（元文二年）

一一　修験道正宗（元文三年）

前述のように小林氏は、特に戸隠後期の著作に「道教的」要素が強く見られ、幕府の処罰を招いたと主張している。[15]
そこで同期の著作中、小林氏が「道教的」側面を示すと指摘した『戸隠山大権現縁起』（以下『縁起』と略記）の中の三つの部分（ⓐ～ⓒで表示）について、順次その内容を検討していきたい。

(a)……二ニハ霊宗の神道又ハ一実神道トなづく。天の思兼命を祖神とす。道徳経是なり。霊宗ト名る故に、道徳経に「神は得《ルニ》レ一以《ス》レ霊《ナルヲ》」と云ひ、又は、和光同塵と云故に……　（一九二頁）

小林氏は、文中で「霊宗」の出典を『道徳経』に求めていることから、道教の影響が強まったことを指摘する。そこで文脈を見ていくと、(a)の文は「凡そ神国の大道、略して三種有り。一に宗源神道……二には斎元の神道……」という文の後に登場する。道教の影響下といわれる霊宗神道は、宗源・斎元の二つと共に、「神国の大道」の一部であると述べられている。ところでその「神国の大道」については、さらに前に記述が見られる。

……（天照大神）岩戸を少し開きて御覧しける時、世間明らかにして人の面見へけれバ、あら面白哉の神の御声も気高く聞へ今そかりければ、手力雄命、岩戸を取て虚空に投げ下し給ひしに、岩戸は北国に留まりて今の戸隠山と成レり。是より天地開け日月の運行時をたがゐず、父母親子夫婦の道をも弁ひ、士農工商諸芸の業を知る事モ当社の神徳成り。　（一九二頁）

戸隠山の由緒について、記紀神話との関係で語られる。まず天照大神が岩戸に籠り全世界が闇になったのを、岩戸を投げ捨てる事で救ったのが手力雄命（戸隠社奥院の祭神）であると述べられる。そして手力雄命の力により「天地が開け」、日月の運行・肉親間の倫理・各階層の生業が明らかになった、そのような理想的秩序の整いが「神道」である、と説かれている。「神国の大道」とは、この〈秩序の整い〉を指すと考えられるのである。

さて、(a)の『道徳経』の引用の文は、本来次のような文脈の中で登場する（傍線筆者、以下同）。

昔の一を得たる者、天は一を得て以て清く、地は一を得て以て寧く、神は一を得て以て霊に、谷は一を得て以て盈ち、万物は一を得て以て生じ、侯王は一を得て以て天下の貞と為る。其の之れを致すは一なり。(16)

（『老子』三九章・原漢文）

「一」とは「道」の謂であり、天の清・地の寧・神の霊・谷の盈・万物の生・侯王の貞という理想的な状態を実現させているものが道であると説く。つまり引用部分に当たる傍線部は、ある本源的存在によって理想的な秩序が保たれるという内容を持ち、(a)ではその内容から、「神道」の説明に用いられていることが分かるのである。その場合の本源的存在は、『老子』の中では「道」である。しかし、『縁起』の中ではどうであろうか。

元古混沌として乾坤洞然の其昔ハ、染浄一如にして凡聖ノ隔なし。清ハ上りて天と成り、濁ルハ下りて地と成りしより、仏陀は三身四知の光りを和けて、霊神は四住五欲之塵に交り給ふ。皆是済度衆生の方便なり。何れが慈悲善根之利益に非らん哉。

（一九一頁）

右の『縁起』冒頭の文には、本書の基本となる世界観が説かれている。そこでは「一如」にして「隔な」き「混沌」に始源を見ると共に、それ以降の世界でも隔なき、和光同塵の原理の存在が主張される。すなわち「慈悲」である。ここでは慈悲と、それを広める仏陀・霊神の働きによって、世界の秩序の形成されることが説かれているのである。

以上のように見ていくと、『道徳経』の引用がそのまま道教思想の影響を示すと考えるのは、無理があるように思われる。『縁起』全体の文脈は、むしろ本源的な「慈悲」に基づく世界の秩序の形成を「神道」と名づけているのであり、それを補足する範囲で「神は一を……」の文が引かれているように見えるのである。確かに道教経典の引用や道教用語の使用は見られるものの、それは〈道教独自の概念〉を表すのではなく、むしろ、神道・仏教等の雑多な要素で構成される『縁起』の世界観の〈補足〉として用いられていると考えられるのである。

(b)……学問行者ハ神僊道士ニテ白日ニ昇天シ玉ヘドモ、役君ノ験法ヲ伝ヘテ長生ヲ保チ神道妙有ヲワシケレハ、世々ニ人間ニ遊ビ玉イテ種々ノ化益ヲ施給事、漢ノ張天師ニ同ジ。（二一二頁）

小林氏は戸隠社開祖の学門行者に対し、白日昇天した道士と記述されていることから、道教との附会を指摘している。それについては、まず「道士」の内容から検討を加えたい。道士というと道教の徒を連想するが、実は『縁起』では、山伏と同義で用いられていることを確認しておこう。

沙門ヲ坊主ト云ヒ道士ヲ山伏ト云ハ倭朝ノ俗語ナリ。（二三一頁）

用語の点では、山伏は道士の俗語とされる。それでは両者は、どのような性格づけにより同一視されるのだろうか。

異朝ニモ五嶽アリ、東泰・南衡・西華・北恒・中嵩ヲ云フ。何レモ道士ノ所治ニテ宗廟社稷ノ神ヲ祀リテ五嶽ノ道士ト云フ。神国ニハ本ヨリ五嶽ノ山伏アリ、東嶽ハ羽州ノ羽黒山、南嶽ハ和州ノ金峯山、西嶽ハ豊州ノ彦山、北嶽ハ加州ノ白山、中嶽ハ信州戸隠山ナリ。皆修験ノ行者入峯灌頂ノ山ナリ。道士ハ必ス山ニ伏ユヘニ臥行者ト

モ山伏トモ云フ。戸隠両界山ハ天地開闢以来道士所住ノ地ナレバ、神国第一道観ト申ナリ。（二〇二頁）

中国の五嶽と日本のそれを対応させる中で、宗廟社稷の祭祀・入峯灌頂の二つが示され、またその担い手が「山に伏」す、つまり山岳修行をする者であると述べられ、「道士」と称しながら、かなり修験に近くイメージされていることが知られる。道教と修験の習合に関しては、次の記述も見られる。

役君ハ太上老君ノ再来ナレバ本地迦葉尊者ナリト申ス事、本ハ『清浄法行経』ノ説ヨリ出デ、、近代ノ書ニハ『役君形生記』『本朝列仙伝』ナドニモ著セリ。（二一三頁）

一般に修験の祖に仮託される役小角が、ここでは老子の「再来」と述べられる。さらに『清浄法行経』(17)を典拠として、迦葉の垂迹とされている。ここでは修験・道教・仏教の代表的聖者三名が、同体と説かれている。一種の三教一致説は、次の記述にさらに著しい。

学門行者ハ思兼ノ神ノ苗裔ニ〆手力雄ノ命ノ子孫ナレハ、本迹雖殊不思議一ノ意ヨリ申ス時ハ、釈尊ノ分身・観音ノ化身トモ称スヘシ。役ノ行者ニ師トシ事ヘテ修験道ヲ伝ヘ智行郡《（ママ）》ヲ抽テ徳験世ニ秀ツ。遍ク名山ニ遊テ伽藍ヲ諸国ニ興シ、利益ヲ法界ニ周ス。住世利物二百歳ニ近シ。終ニ虚空ニ昇テ葬スル所ナシ。（一九九～二〇〇頁）

まず、学門行者は思兼神・手力雄命の子孫であり、釈迦の分身・観音の化身と説かれる。その際に傍線部「本迹殊なりと雖も不思議の一」の句で説明がなされる。これは智顗『法華玄義』等に典拠を持つ、中世天台の文献に頻出する句で、ある原理（本地）の実現のため種々の超越者（垂迹）が活動する、という概念であると筆者は考えている。[18] したがってその意味で、各宗教（この場合は神道・修験・仏教）が一体視されているのである。すでに修験・道教・仏教の一本化に触れたが、この本地垂迹の考え方に基づくことで三教（四教）一致説が成立するのだと思われる。

　記述の続きは、学門行者が役行者に師事し、法を得て活動した後に、「終ニ虚空ニ昇テ葬スル所ナシ」と述べるが、これは(b)の「白日昇天」に当たる。そして、小林氏はそれに基づき道教の影響を主張したが、ここでは学門行者の立場を「修験道」と称している。以上からも理解されるように、(b)に描かれている学門行者の姿は、「道士」という用語で呼称されつつもその内実は、四教一致（神・仏・道・修験）の一つの側面を表したものなのである。

(c)……昔ヨリ戸隠山ノ内御上《(尾上)》ト云処ニ定心林ト名ルアリ。其アタリニ那智三重ノ滝ヲ写シテ熊野権現ヲ勧請セルモ、ゲニ去コトゾカシ。今ハ上清宮ヲ建立シテ神国第一道観ト号シテ、異朝伝来ノ太上老君ノ金像ヲ安置シ奉ル。
（二一三頁）

小林氏はこの中の、老子を祭ったという記述や「上清宮」・「神国第一道観」の語に着目し、道教的要素と説いた。しかし既に述べてきたところからも明らかなように、それらは確かに道教の祭祀・用語であるけれども、それが意味するのは、四教一致的宗教の中の道教的側面であると考えられる。例えば、(c)の文の後半は道教の祭場を建立した記事であるが、前半には小林氏は触れていない。実は前半は、(c)の前文の慈恵大師良源と九頭龍権現同体説に基づき、熊野信仰を説いている部分なのである。ここからも(c)の道教的要素は、補足的位置に止まることが明らかであろう。

　以上(a)～(c)の検討を通じて、小林氏の「道教的思想を根抵とする神道」の言の誤りであることが指摘できたと考え

尾上の乗因別当里坊屋敷跡
手前の石に「慈倹後」と刻まれ、奥に一実道士の碑が見える(2015年5月10日撮影)

る。乗因の主張に道教的要素は確かに含まれるが、根底となるのは、慈悲に基づき神・仏・道・修験の四教とその教えを広める聖者が世界を秩序づけていく世界観であり、道教はその中の一部として機能しているのである。そうであるならば、道教との関係を離れて、もう一度乗因の立場を問い直す必要があるのではないだろうか。彼は、どのような理想とその実現を期す中で自己の神道を構築したのか。次にその点を、彼の相承に対する見方から探ることとしたい。

二　「修験一実霊宗神道」の相承

宗教の性格を規定する時に、その相承に対する見方を探ることは一つの有効な手がかりとなるであろう。何故なら相承の主張には、その宗教者が何を理想としていたかが、具体的な人物群の主張を通じて表現されるからである。その点から、『金剛幢』の記述に注目したいと考える。

『金剛幢』[19]（元文二年〈一七三七〉成立）は、乗因最晩年の著作であると共に、彼の到達点を示す書といえる。内容は自己の系譜の説明を中心とし、自序の中に早速次の一文が登場する。

> 我宗《ハ》正《ニ》是《レ》修験一実霊宗神道《ナリ》。神代系紀《ニ》曰、「高皇彦霊《ノ》尊《ノ》児、天思兼《ノ》命天《コ》降信濃国《ニ》、阿知祝部等《ノ》祖《ナリト》。」手力雄《ノ》命・表春命《ハ》倶《ニ》是其神子《ニ〆》、而我《ハ》其苗裔也……
> （二三五頁）

乗因は戸隠三院の祭神（奥院—手力雄命、中院—天思兼命、宝光院—表春命）の名を挙げ、自己をその子孫とする。さらに文は、次のように続く。

故《ニ》当社神前四時《ノ》祭祀、自レ古称《ス》二正先達・大先達・大道士・六士等《ト》一。此則再興開基学門行者、師《トシ》ヿ事《テ》役君一稟《テ》二修験道《ヲ》一、嘉祥三年方帰《テ》二吾山《ニ》一感《シ》三九頭龍大権現為《ニ》顕《ノ》レ形《ヲ》付ヿ属《スルヲ》山嶽《ヲ》一、修ヿ歴《ノ》峯中《ニ》一伝ヿ授《ス》灌頂《ヲ》一、所レ謂両界山峯中灌頂是也。住世利物幾《ク》二一百歳《ニ》一、修煉功成《テ》白日昇天《ス》。従レ時厥後九百年来、血脈相嗣《テ》以襲二其職《ヲ》一。（二三五～二三六頁）

道教的言辞（白日昇天等）や密教的表現（両界等）も見られるが、基本的には修験道の相承であることが知られる。ここでは乗因は、自己を〈天思兼命→学門行者以下の歴代別当〉という、戸隠社の修験の系統の中に位置づけているのである。それは、本書の末尾の、「戸隠別当血脈譜」からも裏づけられる。そこでは『先代旧事本紀』に基づいて天神七代（含戸隠三神）を経た後に、九頭龍権現―学門行者以下歴代別当と続き、乗因―宣静で終わる。これを見る限り、乗因は戸隠修験の系統に立つことを自覚しており、「修験一実霊宗神道」も、一見修験の相承として捉えられる。ところが、修験の祖役行者に関する記述を見ると、単にそうともいえなくなるように思われる。

「役行者《ノ》相承如何。」答。「元亨釈書曰《ニ》、「小角嘗《テ》在二摂州箕面山《ニ》一。山《ニ》有レ滝。小角夢《ニ》入二滝口《ニ》一謁《ス》二龍樹大士《ニ》一。覚《テ》後構《フ》二伽藍《ヲ》一。自レ比号《ノ》二箕面寺《ト》一為《ト》二龍樹《ノ》浄刹《ト》一。」此是我山両行者《ノ》相承也。」（二六五頁）

ここでは役行者は、インド仏教の龍樹に教えを禀けたといわれる。さらにそれが「我山両行者の相承」と説かれる。「両行者」とは役行者と学門行者を指すので、戸隠社に伝わる「修験一実霊宗神道」は、龍樹系統の仏教の相承であるとも説かれるのである。それはまた、「密教」の名でも呼ばれる。

今謂、慈覚大師以二役《ノ》行者《ヲ》一為《テ》二神国密教之始《ト》一而欽《ミ》二重《ス》之《ヲ》一。故《ニ》手自《ラ》彫二刻其《ノ》像《ヲ》一以安二置《ス》日光山《ノ》行者堂《ニ》一。（二六八頁）

こうして見ると、「修験一実霊宗神道」とは戸隠山に伝わる密教とも見られる。「峯中灌頂」を行うことも、それで頷ける。そもそも「金剛幢」いう書名自体が、〈密教のパノラマ〉という意味なのである。(20) そこで、この修験と習合した「密教」の性格を見ていきたい。

本書の前半は、天台系の密教の記述で埋められている。帰命偈に続く本文は、冒頭から天台系の伝承を記しているのである。

天台法華宗伝法灌頂者《ト》、普賢道場法華三昧行法也。是《ノ》法起レ自二南岳・天台一而至二伝教・慈覚・智證《ニ》一方《ニ》大《ニ》備《ハル》矣。（二四一頁）

中国の南嶽慧思（五一五〜七七）・天台智顗（五三八〜九七）、日本の伝教大師最澄（七六七〜八二二）・慈覚大師円仁（七九四〜八六四）・智證大師円珍（八一四〜九一）という祖師たちの名が挙げられ、天台宗の相承系譜が説かれている。ところでその内容を見ていくと、天台顕教の系譜が挙げられながら、内容的には密教と等しいものとして説かれていることに気づかされる。例えば天台顕教の修行である四種三昧について、「四種三昧を以て胎蔵・金剛両部灌頂の権輿と為すべし」（二四三頁）と述べられる。さらに進んで、「天台・妙楽並に法華を以て密教と為すなり」（二四四頁）、「此等皆な是れ法華・大日二経一致の義を示すなり」（二六三頁）、「当に知るべし、顕密殊なりと雖も法蔵を付することは一なり」（二六四頁）などと、祖師の行いや教典に即して、顕密一致が説かれている。そこで、どのような意味で両者は一致するのかについて見ていくと、次の記述が得られる。

金剛薩埵重白《テノ》レ仏《ニ》言、「於二一心《ニ》一云何《カ》建立《スル》妙法蓮華《ノ》両部曼荼羅《ヲ》一耶。」大日尊告二金剛薩埵《ニ》一言、「於二一心《ノ》中《ノ》妙法蓮華《ニ》一、蓮《ヲ》為二中台《ト》一。金剛界会三十七智《ナリ》。八葉《ハ》即是胎蔵界会《ノ》普門三昧《ナリ》。」（二五一頁）

右の記述は本書中の『妙法蓮華三昧秘密三摩耶経』（伝不空訳）の引用の後に、同経所載の「大日如来自證の偈」の注釈として記されている。そこでは大日如来の言葉として、〈各人の心の中に「妙法蓮華」があり、その蓮華が金剛界・胎蔵界であって諸尊が住すのだ〉と説かれている。つまり、〈法華〉と〈金・胎〉は〈心という真理〉と一体である点で一致するというのである。このように、心の本来的な真理性（大日自證偈の表現では「本覚心法身」）において顕密は一致する。そこから、乗因が窮極的に求めたものは顕密の一致する所、すなわち理想的な心のあり方であることが分かる。それを得られる観法「一心三観」が強調されている。

故《ニ》知《ヌ》、章安深《ク》領《スト》二玄旨《ヲ》一。此《ハ》是明《ス》下章安従《テ》二天台《ニ》一伝中授《スルヿヲ》一心三観《ノ》密旨《ヲ》上之文《ナリ》。故《ニ》依《テ》二此文一名《ク》二玄旨《ト》一也。（二八七頁）

章安灌頂（五六一～六三二）が智顗から伝えられた最も重要な教え（玄旨）が、「一心三観」と記される。他の箇所でも、「南岳・天台の心要とする所以の者は、即ち是れ一心三観のみ」（二九七頁）と説かれるように、乗因にとって天台宗、それと一体の密教、そして自己の教えにおいても、最も価値を与えられたのは「一心三観」という観法で得られた理想的な心の状態だったと思われる。

乗因の「修験一実霊宗神道」は、この「一心三観」の相承として捉えられている。

慈恵之所ハ下以明二弁ノ其正像末ヲ一而示中化導ヲ上、則龍樹ノ所レ造論疏シ二於天台ノ時ニ一、故説ニ二止観ヲ一。止観難レ解シ二於荊渓ノ時ニ一、故著ニス二金剛錍ヲ一。金錍難レ通シ二於伝教ノ世ニ一、故為二之カ註ヲ一。伝教ノ著述多レ疑ヒ二於慈恵ノ代ニ一、故記ニス二決疑集ヲ一。慈恵化益難レ施シ二於慈眼時ノ代ニ一、故是ヲ名ニ二一実神道ト一。雖二則チ正像末ノ弘経不レト同、而至ハ二乎一心三観ノ宗旨ニ一則無レ有コト二別異一。　（二九一〜二九二頁）

時代の変化に応じて、多くの祖師たちが教えを時代に適合させた。龍樹の『中論』、天台智顗の『摩訶止観』、荊渓湛然の『金剛錍』、最澄の『註金剛錍』、慈恵大師良源の『一代決疑集』、そして慈眼大師天海の一実神道は、そのような努力の産物として捉えられる。そして、各時代に対応したための違いはあっても、「一心三観」という点では区別は無い、それこそが自己へ到る相承の中心であるというのである。

以上の考察で、乗因の相承についての把握が明らかになったように思う。彼は道教・密教・修験道などの要素を用いて自己の神道を語ったが、その核となるのは、本覚思想的なイメージで捉えられた「一心三観」であった。「一心三観」は一方では天台宗に、他方では役行者を経て戸隠山に伝えられ、特に天海からの系譜を受けて乗因に到る。この天台と修験の両系統は対立よりも同質性で捉えられ、その交点に成立したのが「修験一実霊宗神道」と称されているのである。したがってその内容は、天海における一実神道と近似した概念で捉えられるだろう。その検討を行う意味で、次に彼の神道の現実対応の理論に目を向けてみたい。乗因は「一心三観」で得られる真理が、どのようにして現実化されると考えていたか、についてである。

対象とする著作については、次の乗因自身の言葉に従うこととしたい。

当レ知、雖三復有《ト》二兼学三教之義一、而為《ノ》二鎮護国家利益万民《ノ》一故、以二世間《ノ》道徳《ヲ》一為二正宗一。具《ニハ》如二転輪聖王章一。

（二八二頁）

三　鎮護国家の実現

『転輪聖王章』[21]（以下『聖王章』と略記）は享保年間の著作で、寛永寺学頭の求めに応じて書かれたものと伝えられている。[22] 本書の主題は、冒頭の文に明らかである。

転輪聖王領《スル》二閻浮提《ヲ》一之大法、謂二之《ヲ》一実神道《ト》一。昔者吾慈眼大師盛弘《ニテ》二此法《ヲ》一普益《クシ》二人天《ヲ》一、或祀《ハリ》二穆々清《タル》廟《ヲ》一以弼《ク》二丕々《タル》聖化《ヲ》一。昊天罔レ極《リ》何《ヲカ》以報《ン》レ徳《ニ》。然《ルニ》文献若不《シンハ》レ足則師承或幾レ息。遂忘《レテ》二鄙拙《ヲ》一叩録《ニシ》二諸文《ヲ》一、題曰《ノ》二転輪聖王章《ト》一焉。

（二六一頁）

「転輪聖王」は本来インドの帝王の理想像であったが、仏教に取り入れられ、武力によらず正義によって世界を征服・支配する王者という性格を持たされた（中阿含・法華・華厳などの経典による）。そのような理想的な君主が、この現実世界（「閻浮提」）を支配する法が一実神道である、その法を録したのが本書である、と述べられている。[23] 宗教である以上、当然人々の救済が課題になるのだが、乗因はここで、一実神道とは〈支配〉を通じそれを実現することを宣言しているのである。続く記述はその点を、さらに明確に説いている。

出仮菩薩利益《スルニ》衆生《ヲ》一有二三種《ノ》法薬一。一《ニハ》者世間《ノ》法薬、二《ニハ》者出世間《ノ》法薬、三《ニハ》者出世間上上《ノ》法薬《ナリ》。此《ノ》中出世間二種《ノ》法薬《ハ》、雖二是出離《ノ》要道《ナリト》一而於二世間《ニ》一則無《シ》二利益一。今為下鎮護国家《ヲ》一利中益万民《ヲ》上故、択二出世間両種《ノ》法薬《ヲ》一但取二世間《ノ》法薬《ヲ》一。

（二六一頁）

ここでは「鎮護国家・利益万民」と「出離」が対置され、それぞれ「世間法薬」と「出世間二種法薬」が配当される。そして、後者は「世間に於いては則ち利益無し」という理由で、前者が選択される。つまりここでは〈政治と宗教の分離、政治の優先〉とでもいうべきことが説かれているのである。そして「吾祖慈眼大師、世間の法薬・先王の道徳を以て名づけて一実神道と為す」（二七七頁）と、天海の名によってそれが正当化されている。(24)

それでは何故「世間法薬」が優先されるのか。次の一文は、その理由を端的に示すものといえよう。

出世法薬雖二是尊勝一、而非下鎮護国家一豊楽万民一之教上。如二梁武帝・隋煬帝一、但有二出世《ノ》機縁一而全廃二世間《ノ》法薬一。故致《ニ》下亡《シ》レ国喪《スヿヲ》上身《ヲ》。古人《ノ》所謂「斎戒修《テ》而梁国亡《ルハ》非《ト》二釈迦之罪一」也。良由《ニ》レ不レ知《ルニ》下釈迦有《テ》二世間《ノ》道徳一守中護《スルヿヲ》国家《ヲ》上故耳。今為レ祝下鳌国祚永久与二天地一斉上故、以二天長地久之教《ヲ》一為二一実神道《ト》一。豈謂二之浅劣《ノ》法《ト》一哉。

（二七四頁）

梁の武帝・隋の煬帝は、いずれも亡国の君主だが、また仏教の篤信者でもあった。乗因は彼らについて、「ただ出世間法の側面のみ受容し、仏教の世間法的側面を蔑ろにしたため国を失った」と評し、「仏教の中でも世間の道徳がある。一実神道がそれだ」と述べる（大意）。ここでは宗教の評価を、国家の維持・発展という基準で行っている。「豊楽万民」は「鎮護国家」と共にもたらされると説くのである。その背後には、当代を〈末法〉と見る観点が存在する。

今也釈尊入滅已後已過《タリ》二二千五百年《ヲ》一。人根既鈍《ニ》、時世甚醨《タシ》。豈得《ン》下如二正法像法上世之人一、勇猛精進修《ニテ》二戒定恵《ヲ》一、出ヿ過《シ》三三界《ヲ》一証《スルヿヲ》中無漏道《ヲ》上耶。
（二七四頁）

現在は末法の世であり、出離による救済は困難であることが説かれる。[25] 一方、『転輪聖王章内篇』[26]（以下『内篇』）には隋の煬帝の例を挙げ、「煬帝ハ書ヲ読ミ著述ヲ好テ勝タル学文者ナリ。ソレサヘ出世上上ノ法ハ解シ誤ルナリ」（二八九頁）と、出世間法薬を修めることの難しさを説く記述が見られる。このように、現在は末の世であり困難な「出世間法薬」では「万民」は救われない、故に「世間法薬」を用いるというのが、乗因の主張なのである。そして、その役割を担うのが転輪聖王である。

具体的に、転輪聖王とは何を指すのだろうか。例えば、天海『東照社縁起』の一文を説明する中に、次の記述が見られる。

今釈曰。……地神五代者《ト》、天照大神・忍穂耳尊・瓊瓊杵尊・彦火々出見尊・鸕鷀草葺不合尊。此五神皆領《ノ》二閻浮提《ヲ》一得《ヿ》レ寿《ヲ》若干万歳。蓋《シ》劫初《ノ》転輪王耳《ノミ》。
（二六三～二六四頁）

ここでは天照以下の地神五代が、「転輪王」として捉えられている。他方、天照以外の転輪王も説かれる。『内篇』には釈迦が自ら、末世の衆生のために「仏身ヲ隠ノ転輪王ノ形ヲ現」した記述が見られる（二八三頁）が、『聖王章』の中にも、次の記述が見られる。

所謂和光同塵《トハ》者、同㆓四住《ノ》塵《ニ》㆒処処《ニ》結縁、従㆑本垂《テ》㆑迹《ヲ》現㆓輪王《ノ》身《ヲ》㆒。故《ニ》大宮《ノ》神体服《ス》㆓周又冕《ヲ》㆒。袞龍衣裳《ナリ》。踞《メ》㆓師子《ノ》床㆒宝几承㆑足。瓔珞《ノ》長者玄元真容也。

（二六八〜二六九頁）

「大宮」とは山王権現、「玄元真容」とは老子を指す。両者が同体であることは別の箇所でも説かれているが、それを踏まえた上で彼らは「輪王」とされている。そしてその理由が、「従本垂迹」の語で説明されているのは注目される。もともと『聖王章』における老子自体が、『清浄法行経』に基づき、迦葉の垂迹とされていた。迦葉が老子に姿を変えたのは、仏教を広めるための方便と説かれる。つまり、ある法が広まるために、それを説く者が形成されるという意味で、老子は「従本垂迹」的な存在なのである。それがここでは転輪王と呼ばれた。さらに天照についても同様のことがいえる。先程の引用文（「今釈曰」以下）の直前に置かれた『東照社縁起』の文には、次の部分が見られる。

為㆓天神七代・地神五代乃至国王大臣《ト》㆒者何哉《ソ》……顕密内證義《ニ》云《ク》、天顕《メ》㆓三光《ト》㆒養㆓育《シ》千象万物《ヲ》㆒、地顕《レテ》㆓三聖《ト》㆒護㆓持一天四海《ヲ》㆒。内證利生《ノ》慈雲《ハ》無《シ》㆓処《トメ》不《ルヿ》㆒㆑覆。外用和光恵風無㆓物《トメ》不《ルヿ》㆒㆑扇。以㆑要《ヲ》言《ヘハ》㆑之《ヲ》、山王権現《ト》者天地人之本命神也。

（二六三頁）

これは、「利生」という原理である山王権現が、その原理に則って世界を運営していく様子を示すものと考えられる。[27]「地神五代」（含天照）も、そのような原理が世界を秩序づける構造の中の一部として捉えられているのである。もしそうであるなら、天照・老子・山王等は〈一実神道の原理を実現するために現世に出現した存在〉という意味で、転輪聖王と呼ばれているのではないか。実際、『清浄法行経』を典拠に仏教布教のための三聖（孔子・顔回・老子）出現を説いた文の後に、『聖王章』は次のように記している。

是《ニ》知《ヌ》、此《ノ》土《ノ》聖賢前後《ノ》施化《ハ》皆我仏《ノ》所使《ナルヿヲ》……当㆑知仏法東漸以前、世間《ノ》聖神《ノ》所㆑説治国利民法《ノ》、皆大権施《ノ》化《ナルヿ》者如㆑此。（二七二〜二七三頁）

ここには仏教が広まる時の、「治国利民法」を説く「聖神」が、「大権」（垂迹）として捉えられている。この「聖神」が転輪聖王に当たることは、『金光明経文句』の「聖に二種有り。一には世聖、二には出世聖」[28]に対する四明知礼の「世聖とは輪王を謂ふなり」[29]（二六二頁）という解釈が、『聖王章』中に引用されていることから理解される。輪転聖王はここでは、仏の教えを広めるため出現し、治国利民法を説く多くの「大権」として捉えられている。このように『聖王章』では〈仏教（一実神道）を体現して出現し道徳を広める存在〉として、転輪聖王が捉えられているのである。

現実の日本では、そのような転輪聖王として、徳川家康が措定されている。『内篇』には、「大神君ハ神武天皇以来ノ大聖人ゾ」（三〇六頁）の文が見られ、家康を〈聖＝転輪聖王〉と見なしていることが窺われる。果たして家康は、父広忠が三河鳳来寺の薬師仏に祈念した結果生まれたとして、「故に薬師如来を以て本地仏と為す」（二七三頁）と記される。彼も、仏教の原理を実現するために出現した垂迹として扱われているのである。それでは実現すべき仏教原理とは、何を指すのだろうか。

神君嘗《テ》曰《ク》、夫《レ》日本有《ニ》㆓伝国大宝㆒。謂㆓三種《ノ》神器《ヲ》㆒。宝剣表㆓慈悲《ヲ》㆒。神璽《ハ》表㆓正直《ヲ》㆒。内侍所《ノ》鏡《ハ》表《ス》㆓智恵《ヲ》㆒。雖㆓復有《リト》㆑三而以《テ》㆓慈悲《ヲ》㆒為㆓万事《ノ》根本《ト》㆒。（二七一頁）

三種の神器について説く中で、乗因は家康の言として「慈悲を万事の根本と為す」と記す。「慈悲」の重視が一通りでないことは、この続きで三つの引用文（『道徳経』『止観輔行伝弘決』『御遺訓』）を連ねてそれを讃嘆することから窺えるが、とりわけ後二者は興味深い。

　輔行六引《ニ》二大経一曰、「諸仏《ノ》神通無レ不《シト》三皆以《ル》レ慈《ヲ》為二根本一。」《ト》(30)神君祖二述住吉大明神宣言《ヲ》一曰、「我無二神体一、以二慈悲一為二神体一。」《ト》(31)……　（二七一頁）

『輔行』では、「神道」は「慈」が根本であると記す。敷衍すれば、治国利民も慈悲に基づいた「神通力」に頼ることとなるのではないか。また、住吉にならって家康が述べた言葉として、「慈悲を神体とする」が示されている。〈東照権現＝本質〉は慈悲であると説かれているのである。これらの点から、家康―東照権現が担った仏教原理とは、慈悲であることが考えられる。

慈悲に基づいた活動として、具体的には何が挙げられているだろうか。乗因は続く文章の中で家康の政治を示すに当たって、「君子居る時は則ち左を貴み」（『老子』三一章）に適った例としての「左《ニシ》レ文《ヲ》右《ニスルハ》レ武《ヲ》古之法也」（慶長二十年〈一六一五〉「武家諸法度」）以下を挙げ、次のように評す。

　神君全《ク》用《テ》二三皇五帝《ノ》道徳《ヲ》一有《玉フ》二天下《ヲ》一。非《ノ》二王者《ニ》一而何哉。易《ニ》曰、「聖人以二神道一設レ教而天下服《スト》矣。」大《ナル》矣哉　（二七一頁）

武家諸法度が、「三皇五帝の道徳」と称讃されていることが分かる。さらに文中の「神道」も、『易』（観）の本文では〈神秘的な法則〉程度の意味であるが、この文脈の中では一実神道と取った方がむしろ自然ではないか。もしそうであるなら、一実神道の原理である慈悲に基づき転輪聖王である家康の行った治国の活動が、例えば武家諸法度制定であった、という事になる。ここでは支配の活動それ自体が、神道のあらわれとして理想化されているのである。

『聖王章』における一実神道の現実対応は、以上のような構造で捉えられる。整理するなら、〈「秘事」という仏教原理に基づき、その実現を期して各地に転輪聖王が出現する。釈迦・老子・孔子・天照大神・山王権現等の、国内外の聖者たちがそれにあてられた。そして徳川家康もそのような転輪聖王の一人であり、彼の政治活動（法度発令等）は、そのまま一実神道のあらわれである。したがって乗因の論に従えば、人々は幕府の政治に従うことで、一実神道を奉じ「鎮護国家・利益万民」という救いを受ける〉という構想が考えられるのである。

おわりに

最後に、述べてきたような乗因の思想を天海のそれと比較することで、本章の結びとしたい。

天海については、以前『東照社縁起』を対象として分析を試みたことがある[32]。その時に明らかにしたのは〈「利生」という仏教原理に基づき、仏神・天皇家・将軍家が世界の秩序を形成する。その中で幕府は、東照権現の法を守ることで、支配の絶対的正当性を得る〉という構想の存在であった。

ところで乗因の場合も、同様の見解が見られる。彼は自己を天海の系譜に擬しており、思想内容も〈「慈悲」という仏教原理に基づき、仏神等が世界の秩序を形成する。その中で家康は転輪聖王として、政治活動の絶対性を獲得する〉と、天海に極めて近似したものだった。したがって筆者は、基本的に乗因は、天海の思想を継承していると考える。

この見解に対しては、当然反論が生じるだろう。「たとえ思想内容が近いとしても、行動は全く異なるのではないか。老子を祭り神国第一道観を建立しようとした点は、断じて山王一実神道の継承者とは考えられない」などが予想される。

しかし振り返って見れば、天海とて同様のことをしているのである。叡山に対して東叡山を作り、従来の山王神道に対して〈東照権現〉という全く新しい神を創造したことは、決して伝統と相容れるものではなかった。当時から、「天海は凡僧なり……未だ仏法に精しからず[33]」（後水尾天皇）、「山王の神道とやらに日本国が成り申すべきか[34]」（金地院崇伝）等の反発が存在したことから見れば、新義を企んだ点で、天海と乗因の間にどれだけの差があるだろうか。そう考えるなら、両者の違いは思想内容の相違よりも、彼らを認め得る状況であったかどうかの違いと考えられる。したがって乗因の思想は、従来のように山王一実神道からの〈逸脱〉と見るより、一つの〈展開〉として捉えるべきであろう。これが本章の結論である。

天海と乗因を連続性で捉えることは、逆に天海と寛永寺（近世中期）との非連続性を示唆する。本稿は乗因の思想の大枠を示すにとどまった。寛永寺を逆照射する試みは別稿に期したい。

註

（1）社領一〇〇〇石は、近世では諏訪社と並び信濃国一を誇る。

（2）『長野県史』近世史料編　第七巻（一）北信地方（長野県史刊行会、一九七五年）七八二頁。

（3）『御触書寛保集成』（岩波書店、一九三四年）六〇八頁。
（4）同前、六〇九頁。
（5）『長野県史』近世史料編　第七巻（二）北信地方（長野県史刊行会、一九八一年）七五九頁の「元文四年五月　奥院衆徒山坊敷地等につき願書」には、「乗因様御代」に先規に反して没収された「割付分」の土地について、「先規之通」の返還を願う条目が見られる。また、小林健三『日本神道史の研究』（至文堂、一九三四年）所引の『中社日記』四月六日条には、三院の本尊を乗因が勝手に移し変更した記事が見られる（同書二五八頁）。
（6）註（5）小林著作、二二〇～二二一頁。
（7）『道徳経』については本文後述。「五輪観」とは、自己と五大（万物の構成要素である地・水・火・風・空）が一体であることを観念し、仏身の護得を目指す密教修法をいう。乗因自身は『金剛幢』中巻で、五輪観が『大日教』に基づくことを指摘し、「我即阿鑁囕哈欠」以下の「五輪観の偈」を示している（二七九～二八〇頁）。
（8）『天台宗全書』一二（第一書房、一九七三年）二五二頁。
（9）乗因に関する先行研究としては、加藤玄智「浄因師の一実神道説を読む」（『宗教界』一三―一、一九一七年）、鎌田良賢「乗因の一実神道説」（『山家学報』新一―四、一九三一年）、田島徳音「日本天台と一実神道の教義」（『明治聖徳記念学会紀要』四一、一九三四年）、小林健三「戸隠山修験道の新研究」（前掲『日本神道史の研究』所収）が知られる。
（10）註（9）小林論文、二三七頁。
（11）拙稿「霊空光謙の玄旨帰命壇批判」（『歴史』〈東北史学会〉七五、一九九〇年）。
（12）例えば、慈等『山王一実神道原』に「（乗因『輪転聖王章』について）蓋し其の本意専ら老子を尊崇して世人を誘て僉な其の道に入らしめんと欲す」（『天台宗全書』一二、三四三頁）、賢暁『和光再暉』に「（乗因について）外学有り老子に耽る」（同四二七頁）の記述が見られる。

(13)　主に『国史大事典』「乗因」の項（小林健三氏執筆）に基づいて作成。

(14)　註(9)小林論文、二二七頁以下に基づく。

(15)　文政二年（一八一九）覚照院栄照写本（東北大学狩野文庫蔵）を底本とする翻刻（神道大系編纂会編／曽根原理校注『戸隠』㈠〈続神道大系神社編〉二〇〇一年）により、引用箇所ごとに同本の頁数を表示した。

(16)　『老子』㈦〈中国古典選11〉（福永光司註、朝日文庫、一九七八年）一九頁。

(17)　中国撰述の偽経。孔子・顔回・老子の三者について、実は仏教布教のため釈迦が中国へ派遣した菩薩の化身であると説く。中国天台宗では湛然『止観輔行伝弘決』に引用され、日本でも『耀天記』などに引かれて広く知られた。長く闕本といわれたが、その後発見された（ただし前欠）。『七寺古逸経典研究叢書』二（大東出版社、一九九六年）参照。

(18)　詳しくは、拙稿「円戒復興と記家の思想」（初出一九八九年、拙著『徳川家康神格化への道』吉川弘文館、一九九六年、第一部第二章）参照。

(19)　元文三年（一七三八）写本（龍谷大学図書館蔵）を底本とする翻刻（註(15)『戸隠』㈠）により、引用箇所ごとに巻の別と頁数を表示した。なお、この龍谷大学本は善写清書本で、各巻末の奥書から組織的な書写作業により作成された様子が窺える。そこから考えて、この『金剛幢』は乗因の個人的著作というより、彼の教団の聖典としての、より公的な性格を持つ書であると位置づけられる。制作年代も最晩年であり、したがって『金剛幢』の系譜こそが、乗因の真意を伝えると考えられるのである。

(20)　中巻（二七四頁）に説明が見られる。すなわち「幢」とは「画絵を開き張」ったもの、「金剛乗」とは「瑜伽密教真言の法を指」す、と説かれている。

(21)『天台宗全書』一二を底本とし、引用箇所ごとに頁数を表示する。なお『内篇』に関しても、同様の扱いを行った。

(22)『和光再暉』に、「東叡山一頭職、深く一実道の伝絶せん事を悲んで、因に束す（割註……因、時に戸隠山に職む）。「子、存に事る事久し。曾て斯の道を師に伝んや否や。若し伝る事有らば、即ち宜く流伝弘通すべし」の意を致たす。因乃ち之に酬るに、転輪聖王章の外篇を以てす」（『天台宗全書』一二、四二七頁）の記述が見られる。

(23) 転輪聖王に注目した理由は不詳。乗因自身は輪王寺門跡創設を、転輪聖王の治国利民法（一実神道）を奉ずる故、と述べている（二七七頁）。

(24) ただしこの「先王の道徳」は、文脈で捉える限り儒教的なものではなく、『金光明経』に由来する。

(25)『金剛幢』には、「今ハ末法六百八十年余ノ時代ナレバ」の文が見られ（三〇六頁）、乗因が一〇五二年を末法初年とする説に立っていたことが知られる。

(26) 僧慈『祭典開覆章』に「『転輪聖王章』七門三十紙。同章『内伝』九条、国字を以て記する者の五十紙許り。本章と意同して文増減有り、又別に増添する所有り」（『天台宗全書』一二、三六一頁）の記事があるように、『内篇』は『聖王章』を増補し補完するものとして捉えられる。

(27) 詳しくは、拙著『徳川家康神格化への道』（吉川弘文館、一九九六年）第三部第三章参照。

(28) 智顗説『金光明経文句』巻六（『大正新修大蔵経』三九、七八頁中）。

(29) 知礼『金光明経文句記』巻五下（『大正新修大蔵経』三九、一四六頁下）。

(30) 湛然『止観輔行伝弘決』巻六之三（『大正新修大蔵経』四六、三四八頁中）。

(31) 引用部分は本来、「住吉大明神たくせんには、我に無神体慈悲を以て神体とす、……と有レ之ぞ、わすれても無理非道なる事をおこなはざれ」とあるように、家康の言ではないと思われる。『東照宮御遺訓』（『日本教育文庫』家訓篇、同文館、一九一〇年、所収）二五六頁。

（32）　註（27）拙稿。

（33）　『羅山別集』（内閣文庫蔵）上巻六七丁表。当時の状況については、辻善之助『日本仏教史』第八巻近世篇之二（岩波書店、一九五三年）一四六頁前後を参照。

（34）　『本光国師日記』元和二年五月二十一日条（仏書刊行会編『大日本仏教全書』一四〇、一九二二年、一八八頁下）。

第二章　乗因の神道説の異端的性格
――戸隠修験・『大成経』との関係から――

はじめに

近世中期に信濃国戸隠社の別当となり、その異端的活動で知られる乗因（一六八二～一七三九）の神道説については、従来二つの相異なる見解が提示されてきた。第一は、道教の影響を受けた邪説であり天海流山王一実神道からの逸脱と見なすもので、近世後期の天台教団関係者によって唱えられ、小林健三氏等に継承された(1)。それに対し第二は、乗因説を基本的に山王一実神道の展開上に捉えるもので、乗因自身はそのように表明している(2)。

近世天台教団は、実は元禄期の前後で大きな変質を遂げており、天海の時点と乗因の時期の教団の志向は、必ずしも一致しているとは思われない(3)。そこから筆者は第一の立場に疑いを抱き、それが乗因の行為に重点をおくのに対し、特に神道説自体の思想分析を試みた。その結果、彼の「道教的」傾向といわれる教説は実は神道・仏教・修験と共に彼の神道説を形成する一つの要素に過ぎないこと、彼の神道説は天海のそれの思想構造を継承していたことを明らかにした(4)。

こうして、結果として第二の立場に加担する場合問題となるのは、異端視されるに到る乗因の意識である。行為と思想を区分したことにより、彼の内部でのねじれが露見した。一方で山王一実神道説の継承を標榜しつつも、乗因が道教風祭儀を（配下諸坊の反対を尻目に）挙行したのは事実であろうし、そうした（表面的には）異風に映る活動を強行した乗因自身の論理を解明しないことには、なお第一の見解（乗因異端説）成立の余地が残る。乗因の山王一実神道受容は、思想構造の範囲内に限られるのか、それとも異端と称された行動の中にもその行動原理を認められるのか、が次の問題として提起されるのである。

実は乗因の神道説に関して、第三の見解とでもいうべき指摘が存在する。和歌森太郎氏は乗因の神道について、「彼の改革の意図したところは、形式的儀礼にばかりなじんできた修験道に活をいれ直し、山の修行者としての自覚をもたせるようにするところにあったらしい。しかし、結局は独走に終わり、あげくの果ては山から追放される身となった」と述べる(5)。また米山一政氏も「乗因の意図するところは戸隠修験の法流は一に学門行者の残した顕光寺流記《ママ》伝授灌頂を本師とし、これに復興《ママ》することを強調したもので、天海によって形式化された修験道を改め、本来の姿に復そうとするにあった。しかし、多くの衆徒は多年の安住に慣れていたため、乗因の精神性を主体とする思潮と相容れないものがあって、三院の衆徒四十三人は結集して元文三年九月十九日、東叡山に乗因の非違を訴えた」という(6)。両氏の見解は、乗因の異端的活動の真意を「形式的儀礼」に対する「修行」「精神性」の重視に求めるものといえる。しかし両氏の場合も、その見解を支えたのは主に（奥院衆徒の里坊居住を停止しようとした等）行為への注目であり、実践活動の多寡を基準とし神道説の内容とは直接関与しない。上述の乗因の表明を受けとめるなら、彼の行為と教説との整合性を追求し、どのような立場・基準に基づく「修行」であったのかを確かめた上で果たして「重視」であったのかを判断すべきであろう。同時にそれは、彼の内面の意識を確認する作業でもあり、畢竟彼の神道説の意図を明らかにすることとも思われる。

乗因は自らの神道を「修験一実霊宗神道」と呼ぶ(7)。「一実」は天海流山王一実神道に相当する。それに対し、「修験」は戸隠修験、「霊宗」は（後述のように）『大成経』の所説に対応するといわれる。本章では「一実」の語に示された天海との継承関係を前提とした上で、乗因独自の要素――戸隠修験と『大成経』――を対象とし、彼の神道説の目指したものを考えていきたい。以下第一節では戸隠修験との関係を、第二節では『大成経』の影響を考察し、最後に、乗因が異端と称されることの意味を探ることにする。

一　戸隠修験の峯中灌頂

乗因が「非義を企て、異法を好み、殊に御支配相背(8)」く者と見なされた理由(9)については、従来、道教に傾倒した教説と共に、衣体・法式・本尊・年中行事の私的変更や「守護不入」の過度の強調などの行為が指摘された。さらに小林氏は最有力の「根本原因」として、灌頂をめぐる確執を挙げる。乗因処罰の年の東叡山からの通達に「戸隠山灌頂前々ニ法曼流ニ而勤来候間弥可レ為二法曼流一事(10)」とあり、当時の天台教団では法曼流が正統とされていたのに対し、乗因はそれと異なり「顕光寺流伝授灌頂」を用いた様子が見られるという。その証拠として小林氏は『修験道正宗』の文を示し（後掲）、「叡山、東叡山の支配から脱して」いく志向を論じている。

本節では、こうした灌頂をめぐる対立に注目し、戸隠修験と乗因の神道説の関係解明を試みることとしたい。まず天台教団側の灌頂に関する動向を確認しておこう。

A　灌頂諸法度

一法曼・穴生之両流於二山門一者雖二通用無一レ之、於二当山・日光山一者無二料簡一時者、初入壇者可レ有二通用一。於二瑜祇以来二可レ勤二各々法流一。葉上・三昧等者曾不レ可レ有二通用一。法流変改之時者、従二四度加行一全可二引置一。但於二葉上・三昧一遂二開壇一輩及老年望之者、加行・入壇之分者可レ被レ用二旧流一事。

一当山住侶之内、於人々之坊灌頂執行之時者、受者之施物者其阿闍梨江可被取之。於重位等者縦於其坊雖遂之、施物者開山堂江可有収納事。附、於其阿闍梨銀子弐枚開山堂江可有奉納、此外教授・讃衆等之施物者定所之以目録可被相渡事。

一重位之施物者開山堂江可相納、其内半分を其教授江可遣、半分者開山堂江可有収納事。

一灌頂之出銀、開山堂之別当請取置、諸役者之施物、入用等払之相残分、以帳面急度年行事江可有勘定事。

一饗応之事、三戒之点心者三巻・二麺・菓子、斎者、本膳高盛二汁五菜、弐之膳一汁三菜引物三種酒五反ニ相定、以下若庭儀之時者三之膳可有之歟。此外結構堅可為無用。但於人々之坊執行之時者、斎是可応分限事。

右之条々衆儀決定之上承二両御門主一於二令旨一誌定畢。自レ今以後堅専二此旨一可レ有二法流相続一而已。

承応二年十月二日

浄教房実俊
寒松院純海　書判
凌雲院周海　書判
最教院権僧正晃海　書判
雲蓋院権僧正豪倪　書判

B

覚

一当山法流之儀　慈眼大師御代ゟ法曼・穴生両流通用之御定之由ニ候。然共　輪王寺御門室法曼流ニ相究候上者一山共可レ為二法曼流一之由　大明院宮被レ仰候。向後一山法流法曼一流ニ相極加行・灌頂・曼供・法事等之作法法曼流可二相守一之旨被二　仰出一候。

一慈眼大師御定ニ「法曼・穴生流初入壇者可二通用一、於二瑜祇以上一者可レ勤二各々之法流一、葉上・三昧等者不レ可レ有二通用一。変改之時者従二四度加行一可二改行一。於二葉上・三昧一遂二開壇一輩及老年人者加行・入壇之分者可レ被レ用二旧流一」之旨、大師御定ニ候。向後弥右御定之通可レ被二相守一候。

一当山竪入之面々者、向後加行・灌頂等法曼一流可レ被二相勤一候。従二他山一横入他流之輩者任二　慈眼大師御定一可レ被レ順二衆議一候也。

一毎月十四日於二常行堂一曼供之節、未二入壇一之者出仕無レ之等之処、近年用捨ニ而其分ニ被二差置一候由、向後者急度相改、若出仕候者可レ被二差返一候。

　右之通東叡山法曼一流ニ相極候上者、御末寺之面々も可レ為二本山之法流一事ニ候。他流之輩者連々法流引直可レ申候。

八月

C法曼院灌室慶算大僧正再興候得共、法流少シ故本照院様ゟ御代々被レ掛二御心一、法流未定之寺者法曼流ニ被二相極一候。先年　大明院様御代関東御末寺方江大会回章相廻候節、法流未定之寺院於二山門一灌頂相勤候ハヽ、於二法曼院一可二相勤一候由被二相触一候。然共近年勝手次第ニ相勤候由ニ候故、此度関東諸国ゟ登山取立相勤候輩、法流未レ定之分灌頂相望候共余之灌室おゐてハ許容無レ之於二法曼流一相勤候様仕度由、無動寺谷中　被二願出一候。及二御沙汰一候処願之通尤ニ思召候。向後願之通可レ被二相心得一旨山門灌室方江可レ被二申達一旨被二仰出一候以上。

享保三年九月五日　　霊山院

滋賀院御留守居

宝積院

右の三通は近世前半期天台教団の灌頂に対する姿勢を示し、いずれも『東叡山灌頂諸法度』に収められている。[11]まずAは、承応二年（一六五三）寛永寺から出された指令で、当時の執当二名[12]以下が名を連ねている。第一条は灌頂の流派を論じ、①法曼・穴生の両流は叡山では全く用いられていないが、寛永寺（東叡山）および日光山においては特に所存の無い限り、未灌頂の者の「入壇」（伝法灌頂）執行は両流いずれかを用いるべきこと、②灌頂が瑜祇段階[13]以後に進んだ者については既に所修の流派に従うべきこと、③葉上・三昧の両流については、東叡・日光両山でも代用できないこと、④法流を（他流から法曼・穴生へ）変更したい時は、四度加行より後の段階[14]は再修が必要であること（葉上・三昧両流で開壇を遂げた者および老人を除く）、等が記されている。

次にBは、享保元年（一七一六）八月の寛永寺からの指令[15]で、第一条では門跡の意志[16]に基づき従来の方針（A①）を改め、今後は輪王寺門跡支配の一山（日光山、さらには東叡山）を法曼流に統一する旨を伝える。第二・三条では、A②③④の有効性を確認する。第四条で灌頂未修者に対する厳しい姿勢を示した上で、末尾ではさらに、各末寺もその方針に従い法曼一流に統一すべきと命じる。本末通じて、教団として灌頂を統一していく意図が読み取れる。

Cは、その令旨の効果如何を示す文書である。大意は、中世末の荒廃を経て法曼院（法曼流灌頂の中心道場たる格式を誇る寺）再興を果たしたものの、再興後日は浅く門徒も少ないのを案じて守澄法親王（本照院、初代輪王寺門跡、在任一六五四～八〇）や公弁法親王（同三代、同一六九〇～一七一五）が法曼流灌頂を後援した、しかし昨今は「勝手次第」に流派を選択する風潮にあるので、未修者は法曼流を最優先して受法するよう叡山無動寺谷（法曼院も含まれる）一同で願い出、その旨許された、との報告である。[17] 享保三年（一七一八）といえばBを去ること二年、いまだ法曼流への統一が浸透していないことと共に、「余の灌室（灌頂の道場）」は「許容……無」き方向への統制が見て取れる。[18]

以上AからCまで一覧して気づくのは、一つの流派（法曼流）に統制していく教団の方向性である。しかもそれは、Aの時点では非常に緩やかであったのに対し、B・Cで急激に厳しくなることが分かる。公認（推奨）された流派がA二流に対してB一流という差異以上に、法流の制限が末寺全体に適用され、さらに灌室まで制限されていく点に、統制の強さが表われている。そしてBの第一条では、その方針が慈眼大師（天海）段階と明らかに区分され、公弁法親王以下の門跡の意志であることが明確に示されている。ここから「いよいよ法曼流たるべき事」（元文四年寛永寺より戸隠社への通達、既出）は、天海の方針というよりは、公弁法親王段階以後の天台教団の方針であったことが理解される。

そうした天台教団の動向を踏まえ、次に戸隠社との関係を見ていきたい。中世までの戸隠社で行われた伝統的な灌頂とは如何なる流儀であり、それは近世天台教団の動向とどのように関わるのか。まず、後年の別当の認識を手がかりとする。

　　乍レ恐口上書を以奉二願上一候

一戸隠両界山顕光寺伝授灌頂之儀者、往昔役優婆塞当山蹐（踏カ）破之後、開基学門行者慕二旧蹤を一登嶺有レ之。権現之蒙二霊告を一依二旧式一堂社啓建等有レ之候ゟ峰中灌頂等之義世々相伝仕来り、修験道一派之灌室ニ御座候而、中古ハ九州彦山ト同流ニ而、互ニ印信許可申受候趣ニ相見へ申候。慶長年中従二神君様一当山へ被二下置一候御条目ニ者、「伝授灌頂無レ之者不レ可レ叶二住坊一」ト有レ之、寛永年中慈眼大師別当俊海へ被二下置一候御条目ニも、「諸本寺

執行可レ仕」与御座候ニ付、俊海弟子円徳院宗海其御山へ相願、慈眼堂別当慶海法印を戸隠山へ致二請待一、其節灌具等も不レ残借用仕、於二自坊一宗海住持灌頂執行仕候。其砌衆徒并末寺共阿闍梨受者等相勤、夫ゟ法曼流一派之灌室ト相成り申候。其後元文元年、乗因代灌頂執行有レ之候。以来三十年余及二中絶一有レ之、未二灌頂一之衆徒多輩御座候ニ付、明和八卯年別当却（知カ）遠代灌頂執行仕候。……

信州戸隠山別当

勧修院

酉二月

住心院法印

円覚院法印(19)

右は万延二年（一八六一）に戸隠社別当から寛永寺へ提出された「灌頂再興願」の案文である。述べられるように戸隠社の灌頂は、①役行者・学門行者などが活躍する伝説の時代から中世まで、②彦山から峯中灌頂を導入した中世末から近世初期まで、③寛永寺から法曼流を導入した宗海（戸隠社第四十九代別当、在任一六四六～七九）以降、④乗因が灌頂を執行した元文元年（一七三六）、⑤三十余年の中断を経て知音（乗因より四代後の別当）が法曼流灌頂を復活した明和八年（一七七一）以降、に時期区分される(20)。とりわけここでは、②の時期の峯中灌頂に注目し、天台教団公認の法曼流との違いを考えていきたい。

中世の戸隠修験は「彦山修験と同流」といわれる（引用文）。彦山では室町時代中期に到って儀軌の整備が始まるが、その中心人物は阿吸房即伝であった。彼は教義書の編纂を通じ彦山流儀礼・教義を完成させると共に、日光・戸隠・加賀等各地を廻国した。彼の編著が流派の別なく広がり修験の指南書として扱われたことで、彦山流は、室町時代以降の修験道儀軌展開の上で主導的な役割を果たしたといわれる。(21) 次に、戸隠へも影響を与えたという即伝の編著(22)から、峯中灌頂に関する部分等を挙げる。

A　第一　灌頂啓白

夫当峯者金胎両部ノ浄刹、無作本有ノ曼荼也。森森タル嶺岳ハ金剛九会ノ円壇、欝欝タル巌洞ハ胎蔵八葉ノ蓮台、山河草木ハ全ク遮那ノ直体、嶺風谷響ハ自ラ法身ノ説法也。三部ノ諸尊済済トメ羅烈、無数ノ聖衆奇奇トメ安座、故本有色声顕二見聞一、法爾ノ境智絶二有空二一、既ニ知ヌ法爾自然ノ曼荼、三密瑜伽ノ霊峯也。爰以高祖役聖者、内ニハ住二毘盧本覚ノ内証一遠運二歩ヲ於岐嶺一修二即身頓悟ノ秘法一、外ニハ依二龍樹大士ノ印璽一遥卜二跡ヲ於当峯一飽マテ弘二南天ノ開塔玄風一矣。懿カナ顕密之行業一レ揆事理二一法冥契、貴哉法之中ノ秘法深秘之中ノ極秘ナリ也。入二此峯一輩不レ改二薄地底下ノ凡体一忽登二胎蔵八葉ノ中台一、踏二此地一者不レ転二父母所生肉身一全証二金剛不壊ノ法身一。……

第二　正灌頂大事　有二口伝一(23)

（『修験修要秘決集』巻下）

B問曰、峯中正灌頂者本有修生ノ中ニハ何乎。答曰、峯中灌頂者本有無作ノ灌頂也、全ク非二阿闍梨所伝ノ修生灌頂等之義一。修生灌頂ト者主伴相対移二法体大日一ヲ、是則劣機浅略之一分也、全ク非二至極ノ義一ニ。然ルニ今峯中本有ノ灌頂ト者、五大所生万法流出ノ𑖪𑖽水是曰レ灌ト、六大能生ノ𑖀字不生ノ心地是ヲ曰レ頂、天地即両部ノ道場、自身全ク大日ノ直体也。凡其道理ハ十界依正森羅ノ万法、皆悉具二足ス毘盧ノ万徳一ヲ。無レシ有二ルコト欠減一。一切衆生色心依正ノ六大従レ本金胎両部ノ体性ナルカ故、経二テ行者ノ三業一ヲ示二無相三密ノ法体一ヲ者也。地水火ヲ為二身密一ト、風空ヲ為二語密一ト、識大ヲ為二意密一ト。如来ノ三密ト与二衆生ノ三業一ト全ク無二差別之相一、本来清浄ニメ而共ニ不二相障碍一、周二遍ス法界一、故ニ云二無相三密一ト。然則天然ノ挙手動足無相舌相言語法爾無作ノ印明也、何ソ謂二ンヤ師資相承ノ灌頂一ト乎。

龍樹曰、無相ノ三密ハ仏祖不レ伝、秘密ノ奥旨ハ以レ心伝レ心、仮令劣機愚情ノ前ニハ本有灌頂ノ徳未レ顕、故ニ経二テ事ノ印明等一ヲ以二テ修生加持力一ヲ始テ顕二発スル之一ヲ耳、以二テ五瓶ノ智水一ヲ洒二ク授者之頂一ニ是也。故『大日経』曰、甚深無相ノ法ハ劣恵之所レ不レ堪也。為レノ応二ンカ彼等一ニ故兼存二有相ノ説一ヲ文。可レ思レ之。[24]

（『柱源秘底記』巻中）

Aでは山岳霊場（この場合は彦山）について、両部（金剛界・胎蔵界）の曼荼羅と等置し、山中の自然自体が大日如来の本体や作用であると説く。役行者が如来や龍樹菩薩に導かれて当地に到ったのもそれ故とされる。また、そうした聖地であるからこそ、峰入りし修行に励むことで、即身成仏が可能となるともいわれる。一方、山中で行われる「正灌頂」については、「口伝有り」とのみ記され、内容は明記されていない。

Bではその灌頂の理念が説明される。ここでは「本有」と「修生」の二つの灌頂が示され、一般の師資相承の灌頂が「劣機・浅略」の「修生」であるのに対し、「峯中正灌頂」は「本有」であり「至極の義」であるという。その理由として挙げられるのは、「森羅万法」みな大日如来の徳を備え、自身もまた大日と一体（「大日の直体」）という観念である。大日と自己・世界の一体性に基づき、師のみを重視する一般の灌頂は第二義的なものとされる。それに関して同書の別の箇所でも、「若し不律の人たりと雖も、其の機に対して正灌頂の奥義を聴許すべきか」の問いに対し「当時伝法の真言師は浄行の僧侶なり。有相三密修生伝法の灌頂なるが故に、第三戒を破らば則ち長に真言師の名字を削る、故に一世の行功已に空し。然れども峯中の灌頂は無相三密本有不伝法体なるが故に、持戒毀戒を論ぜず、利根鈍根を簡ばず、即ち其の機なり。若し破戒愚痴の過に依りて入峯修行の跡を削らば、飲食せざらんか、着衣せざらんか、閉口せざらんか。当に知るべし、峯中灌頂とは、不朽不壊金玉一得不失の珍宝なり」と答えが示されている。[25]〈真言師＝有相三密＝修生伝法〉の持戒等の制約と異なる、〈無相三密＝本有不伝〉の持戒の制約を越えた性格こそが、「不朽不壊」で一度得れば失われることのない真実の灌頂の立場であるという。ここでも峯中灌頂は、特定の有資格者を対象とする師弟関係の嗣法と区別されている。あらゆる「機」に対して開かれ、何よりも「入峯修行」を重視する即伝流の修験の理念を、この秘伝から知ることができる。

戸隠では、こうした即伝流の修験が、近世天台教団の統制以前に定着していたことと思われる。それは果たして、乗因の修験とどのような関係を結ぶのか。次に、乗因晩年の修験説を記録した『修験道正宗』（元文三年〈一七三八〉成立）との対応を検討する。

> 修験ノ宗旨ハ即身成仏ノ大直道ヲ金剛薩埵ニ授ケ給フテ、金剛薩埵是ヲ龍樹大士ニ授ケ、龍樹大士ハ神国ニ出現シテ役ノ行者ニ直ニ授ケ給フ。故ニ修験ノ行者ハ此ノ宗旨ヲ子孫孫ニ伝授シテ大日尊ヨリ血脈相続スルナリ……是ニ由テ修験道ニハ灌頂三昧耶戒ヲ伝授ス……如レ是諸宗ニ超過シタル方広大乗ノ無上覚ヲ成ズル一乗実相ノ勝義ノ門ニ入テ役ノ君・学門両行者ノ迹ヲ続ゲバ、深ク即身成仏ノ実義ヲ信メ現世安穏・後生善処ノ素懐ヲ遂グベキモノナリ。
>
> 修験ノ二字、本ハ呪ノ字ヲ書ク。役ノ行者講式ニ「応二秘密神呪加持一而施二呪験一」ト云ヒ、呪験道トモ云フ。呪験ノ根源ハ東晋ノ元帝ノ世、天竺国王ノ子帛尸黎密多羅始テ孔雀王呪経ヲ弘メタリ。高僧伝ニ「善持二呪術一所レ向皆験アリ」ト云ユヘニ、此ノ呪験ノ二字ヲ取テ宗旨ノ名目ヲ定メ玉ヘリ。呪トハ是レ真言陀羅尼ナリ。験トハ祈禱ニ霊験アルヲ謂フ。又、前漢ノ尹澄ノ伝ニ「修レ之大験アリ」ト云フ、故ニ修験トモ書ク。此ハ神仙ノ術ヲ修シテ道徳経ヲ読誦スル故ナリ。

信濃国水内郡戸隠神社者、顕光寺流伝授灌頂之三昧耶戒壇、胎金両部習合神道之本山也。今於二神前一所レ蔵学門行者以来師資相承修験道秘訣五十余通中、撮二其至要一而示二之於我門衆徒松山伏六十大先達諸大道士一、息災延命富貴満福所願成就皆令二満足一御祈禱敬白。[26]

初めの引用文では、この灌頂の系譜が説かれている。すなわち、「大日尊」から金剛薩埵→龍樹菩薩→役行者、以下戸隠社に伝わる「血脈」である。また、それを継承することで「即身成仏」や現当二世の幸福が保証されるともいわれた。役行者に到る系譜や現世利益については、Aにも見られたように、即伝流彦山修験で説かれていた。

二番目の引用文では、修験の語義を説く。〈修験＝呪験〉を説明することで、仏教(密教)や道教の「呪」と通じる修験の性格が示されている。なお小林氏は、この史料について「道教的」側面を強調する。[27]しかし見る限り、「道徳経を読誦」は「尹澄伝」[28]の説明であり、戸隠修験自体は密教・道教両者ともに親近性を持つ性格に読み取れる。その点は三番目の引用文(『修験道正宗』奥書)でも確認できる。ここでは戸隠は「両部習合神道の本山」と記されることから、乗因流の修験は(道教的要素を排除はしないが)むしろ密教や神道を中核としたことが考えられる。その点で、大日如来との一体化を究極の目的とする即伝流修験と相通じるといえよう。そして以上の密教的系譜・宗派意識、さらに山岳聖域観や修行により即身成仏を得るという教義の性格から、乗因の神道説は、彦山から導入された中世以来の戸隠修験の伝統を引くものであったといえるのである。

さて、戸隠社が天台教団の傘下に入るのは寛永十年(一六三三)とされるが、それを境に別当と平坊の懸隔が激しくなり(別当の公卿猶子化もこの時点から)、衣体・灌頂・年中行事などが新たな秩序維持のため次々に改作され、全体として別当の専制化、衆徒と修験の階層分化が進んだといわれる。(29) 既に元禄八年(一六九五)、別当見雄が奥院衆徒たちによって寛永寺に訴えられる事件が起きている。何も乗因だけが衆徒と対立したわけではなかった。別当と衆徒が争うこうした事態の原因は、まず別当権力の伸長であり、それは天台教団と連携しつつ、正統な学問や灌頂を踏絵とすることで戸隠社に新秩序を作り上げていった。この状況の中で、峯中灌頂の主張はどのような意味を持っていただろうか。

別当宗海による寛永寺からの法曼流導入以後、それ以外の流派による灌頂執行が異端として退けられることは充分考えられる。しかしこの場合、それ以上の意義があるのではないか。当時の天台教団は本末関係の固定化という前代からの達成をうけ、師資関係や経典解釈を本寺側の判断で執行・強制する段階にあった。教学的には口伝法門否定に端的に表われた個々の自律性を否定する状況にあり、(30) また逆に、本山公認の法曼流は(口伝為本に対抗する)「経軌為本」に特徴があったといわれる。(31) それに対し峯中灌頂は、持戒に代表される僧儀を軽視し(それこそ宗教統制の中核であったにも拘わらず)、修行を第一義とし(32) 口決を重んじた。修行の場戸隠山を過度に聖域視することは、本山寛永寺への服従を否定しかねない。また、通行の灌頂を貶め自己のそれの優越を説く態度は、当時の教団秩序に真向から対立する契機を含んでいる。これらの点から、峯中灌頂の主張は、単に規則違反だけでなく、積極的に本山と対立する方向性を持つように思われる。

以上のことは天海に対するというより、統制を強めつつあった公弁法親王以降の天台教団に対していえることである。教団公認の流派(法曼流)の奨励が日光・東叡両山だけに限られ、各地では灌頂執行の行為のみが求められ流派を問われなかった天海段階では、峯中灌頂が異端視されることは無かった。だが、だからといって天海段階には親和的というのは早計であろう。峯中灌頂に関しては上述のようであったとしても、まだ「道教的」傾向の異端性、ひいては反体制的志向の問題が残されているからである。次節ではそれを検討する。

二　『大成経』と乗因

乗因の道教的傾向については、既に戸隠社転住の翌年の著作に見ることができる。

日吉大宮ハ天台山ノ玄元真容ヲ移サレ候ヘハ、唐土ノ神道ニ異ナルコトナシ。唐ノ太宗勅メ云ク、大唐運興ルハ蓋シ太上老君之胤ニメ、開キ二無為之化ヲ一弘レハナリ二道徳ノ編ヲ一。考テ二冑子ヲ一以テ業トシ二六経ヲ一、命メ二有司ニ一以テ敷キ二五教ヲ一、導キレ徳ヲ斉テレ礼ヲ仁布キ二九区ニ一、懲シレ悪ヲ勧テレ善ヲ威加フト二四海ニ一。コレスナハチ大唐ノ天子ハ玄元皇帝ノ苗裔ニテ、三清天尊ノ神道ヲ尊ミ、又玄奘三蔵ニ帰依メ仏法ヲ用ヒ玉フ。三清天ヲハ吉田家ノ『名法要集』ニハ、日本ノ所レ謂高天カ原ノ義トセリ。凡ソ異国ニハ寺ト宮ト相対ス。寺ニハ仏像ヲ安置シ、宮ニハ神容ヲ崇敬ス。今権現様ノ宮号モ異国ノ神道ニ均キ故ニ、慈眼大師御在世ノ日、朝鮮人来朝シテ日光山へ参拝ノ時、異国ノ道宮ノ意ニテ詩ヲ賦セシ由、其詩ハ慈眼大師撰述シ玉フ所ノ『東照宮真字縁起』ニ載セテ有ヘシ(33)。

（『山王一実神道口授御相承秘記』）

右の、享保十三年（一七二八）時点での乗因の思想には、山王権現と玄元真容（老子）を一体視する道教的傾向が見られる。しかし、ここで注目したいのは前後の文脈である。〈道教＝（唐土の）神道〉を前提としての神道・仏教・道教の三教一致論、それがこの箇所での主題である。それはまた、唐の太宗、日本の家康の治世をひきあいに出すことで教説としての権威を装い、さらに三国世界観との関連を主張することで、特異さを薄め普遍性を獲得している。当時流行の三教一致論[34]を基盤とする語り口は、彼の「道教的」傾向を考える時見落とせない視点を与えるのではないだろうか。

乗因の神道説において、戸隠修験と共にその独自性を形成した教説として『大成経』の所説が挙げられる。小林氏によれば[35]、戸隠社では既に貞享年間から同書教説が流入しており、実際乗因の著作にもその痕跡が見出せる、という。ところで、小林氏は『大成経』の影響を「天思兼命を霊宗道の教主とすれば、亦命は阿知祝部の祖となり、随って戸隠別当はそれらの血脈をつぐものとなってくる」と、専ら戸隠社別当系譜との関わりのみに求め、乗因説の道教的要素については一線を画している。しかし『大成経』は、果たして道教と無関係なのだろうか。いや、仮に『大成経』に道教的言辞が見られなかったとしても、それが三教一致論的思潮に基づくならば、乗因が道教を受容する前提として充分機能していたと考えられるのではないだろうか。そこで本節では『大成経』の所説、とりわけ諸教の扱いに注目して、乗因説との関係を検討していきたい。

さて、『大成経』については、従来も多くの研究があるものの、その作者や成立に関してさえ定説を見ず、思想内容に到っては部分的指摘にとどまっているといえる[36]。同書の特徴として河野省三氏は、①聖徳太子の偉大性を昂揚し、特にその思想的位置を高く確立すること、②志摩国伊雑宮を天照大神奉斎の本宮と思はしめる謀略、③神道および神道学の総合的組織の樹立、④日本の優秀性に対する自覚を喚起しようとしたこと、⑤仏教に対する擁護的な努力、⑥根本的経典の確立、⑦世事の起源的説明、⑧徳川幕府についての政策的・思想的安定に対する寄与、を挙げる[37]。『大成経』といえば、従来ともすると②に注目し論じられることが多かったように思われる[38]。しかし、上述の諸教一致論に注目する視点から、ここではむしろ、それ以外の項目の関連を扱う。『大成経』には二つの序文があり（いずれも内容は架空）、まずそこから見ていくこととする[39]。

大夫御食子敬ミ謹テ白メ曰ク、天国排開広庭天皇御宇代、臣カ之先人鎌直ノ連同ク物部ノ大連尾輿ト、焼テ仏ノ像ヲ而モ大殿即日天火。渟中倉大珠敷天皇御宇ニ臣カ之先輩勝海大夫、同ク大連物部ノ守屋ト焼テ仏像ヲ即時大殿天火ス。是レ先ッ人愚ニメ而モ以テ己カ嫉ヲ量ル神ン慮ヲ、還テ不知神ハ以テ清クメ無ヿヲ嫉妬、不悟ラ神ハ也明ニメ同クマスヿヲ乎仏ニ。

（一―八〜九頁）

「帝皇本紀」ハ明ニシ善法ヲ興行テ国徳増スルノ益利記録シ先跡ヲ勧メ善ヲ懲スノ悪ヲ教ヘ秦字倭訓通シメ経得ルノ学ヿ功ト興立神ノ道ヲ理ノ道事ノ祭ノ習ヒト学ヒ儒ヲ効ヒ釈ヲ道メ他ヲ助ル自ヲ学ヒ立階ヲ定メ礼ヲ正道大成ノ節ト天ノ瑞ニメ修メ徳ヲ養ヒ民養病ヲ政ヲ、「聖皇本紀」ハ明シ真人聖人明ニ行ヒ明ニ治ノ蹟ヲ、「経教本紀」ハ明シ壱ッ心無為五ッ心天ノ命ノ道ト、宗源ノ総道ハ吾レ異シ通ヘル一ツニ地、斎元ノ別道ハ吾国独リ勝ナル旨、霊宗合テ道ノ本ッ心ヲ明ニスルノ心ヲ趣学ヒ習ヲ要メ極ヲ讃メ善ヲ誹ルノ悪ヲ名、尭（ママ）道嫌ヒ寓ヲ王仁カ寓解ノ差ヲ、……

（一―一〇頁）

第一の序文（「神代皇代大成経序」）は、推古天皇の命により聖徳太子が修史を図る経緯を記す。忌部・卜部両家に伝わる「土笥」から上古の記録が現れた神異ののち、蘇我馬子が修史に寄せる神威を歎じて旧悪（崇峻天皇暗殺）を懺悔する。引き続いての中臣御食子の懺悔が第一の引用文で、中臣勝海・物部尾輿らの排仏行為に遺憾の意を示すと共に、神仏一体の立場を述べる。その後太子が没し、天皇が「天孫大神」の託宣を受けて『大成経』を完成させるのだが、第二の引用文は『大成経』を構成するおのおのの「紀」の説明の一部である。まず、「帝皇本紀」では「善き法」の力による日本の向上を説くが、その際に「神の道を興立す理の道、事の祭の習ひ」と共に「儒を学び釈を効ひ他を道め自を助る学ひ」が並び称され、ここでも三教一致の論調が見られる。神儒仏の三教が協力して「善き法」を形成し広めていくという趣旨である。一つ間を置き「経教本紀」では、神道の三分類とおのおのの特質が説かれている。すなわち「宗源」は日本国・異国に共通する普遍的な法、「斎元」は日本独自の優れた法、「霊宗」ではそうした法の本源に遡り心を明らかにする、という。また、神儒仏三教には通底する側面と神道に特別な側面の両者があり、そうした位相を語るのが経教本紀――『神教経』『宗徳経』の二書――であると述べる。その点について、第二の序文にも目を向けよう。

天皇御宇四海豊平乗レテ徳ニ吾カ大道起-発リ、異方ノ道教来興ル。如今也吾国得レ時ヲ天賜二大王一ヲ。八洲ノ内外飽ヿ足リ恩沢一ニ世悉ニ道フ

日神再窟出下フト。遂ニ録二シテ『旧事本紀』一ヲ而大ニ立二吾大道ノ之元根一ヲ、再ヒ還二シ下フ神代ノ霊ナル誠一ニ。先レニ是ヨリ且ツ集二ヘテ神ノ記一ヲ以為レテ編ヲ、而書レニ之ヲ以二シ新訓ノ之秦字一ヲ自製レテ疏ヲ以テ為レ経ト、而始道二キ下フ乎黎民一ヲ、是ヲ謂二フ神ン教ヘ経一ト。並ニ編二ヘ宗源斎元霊宗一ヲ共ニ製レテ疏ヲ称二フ宗徳経一ト。又諸レ秦ノ字倭訓ノ之文也。比ヘテ用テ導二キ民庶一ヲ、兼テ弘二テ儒ト釈ノ之経一ヲ佐二ケ吾道一ヲ、而モ為二皇政ヿノ之護一ト、以テ合テ為二メ三ノ法一ト而始テ立二テ学処一ロヲ教レ之、普ク設二ク学者ノ之拠一ロヲ也。

（一―一二頁）

宗源ハ者是神ン道ノ之理極、王道ノ在二是ノ中一ニ、諸レ天ノ物梁ノ命ノ所ナリレ伝也。斎元ハ者又王道ノ之事極、神ン道在二リ此ノ中一ニ、茲レ天ノ太魂ノ命ノ所レ伝。霊宗ハ者神ン道王道ノ束法、為二万典ノ之憑拠一、是レ天ノ思兼ノ命ノ所レ伝也。這ノ三伝ハ者神者ノ鼎ノ足神乗ノ天台也。未三曾テ後人獲二狼改一。

（一―一五頁）

第二の序文(「大経序伝」)は、秦河勝(聖徳太子の側近)に仮託されている。第一の引用で河勝は、推古天皇の治世を言祝ぐに当たり日本の「大道」の顕然としたさま、異国の「道の法」も頻繁に来朝する事態、を挙げる。諸国の道の根源である「神記」(『大成経』のうち聖徳太子生前完成部分)を敷衍するため作られたのが、『神教経』『宗徳経』の二経であり、またそうした営みの中「儒釈の経を弘めて吾が道を佐け」しかも「皇政の護と」することも行われたという。第二の

『神教経』『宗徳経』の位置づけが示されると共に、日本の神道が他の二教と深く通底することが主張される。第二の引用では、神道の三分類が説明され、宗源は神道の「理」の究極で王道、斎元は王道の「事」の究極で神道、霊宗は両者を束ねるもの、と先述とは異なる側面から三つの関係が説かれる。いずれにしても、「宗源」他の三神道は、対立的というより相互補完的で、おのおの重点の置き方が異なるものの決して別物ではないことが理解されるのである。

次に、そうした教学の体系について『大成経』と諸教一致論という視点から、さらに探っていきたい。上述の論調に従い二経に注目し、特に神教経を取り上げ検討する[40]。

天皇勅メ曰ク、聖皇製シ二神教経ヲ一、肇メテ設ケ二玉フ吾カ神道ノ之学ヲ一。朕故非レ未タレ聞二其ノ理ヲ一、而未タ三曾テ得二其意ヲ一、迄テレ今ニ敬テ窺フ二経ノ所ノレ為スルレ宗ト其ノ趣ヲ一、乃チ是レ妙巧ナリ也。首メニ安キ二一心ヲ一次ニ安ク二五心ヲ一。其ノ一心ハ者、五心未分ノ之極、是レ人ト神トノ之心源ナリ也。其ノ五心ハ者、一心分理ノ之界ニメ、是レ人ト神トノ之性地ナリ也。是レ即チ霊宗ノ之体ナリ也。化流メ而成ス二宗源・斎元ヲ一、故ニ置ク二焉レヲ於厥ノ元一ニ。所以ナリ学レ道ヲ者ハ、必ス可シ下観二心源ヲ一察メ二性地ヲ一而入中三部上ニ也。

(三―二六頁)

此ノ経ニ説レ象ヲ、左ヿ右ニス乎心一ヲ。而儲二其ノ理尽一ヲ、其ノ趣全篇在レ心ニ也。所‐以ハ者何レハ、理ハ者雖レ説レ理ヲ、其ノ実ハ唯在レ心ニ、気ハ者雖レ説レ気ヲ、畢竟謂レ心。所レ有唱レ道ヲ者、先ツ随レ所レニ好ム彼ヿ是メ其ノ状一、而終二其ノ極一ヲ入二於心一ニ而已。

聖皇察二此ノ理一ヲ、多章彼ヿ是ニメ乎其象一ヲ、而全篇説二心ノ之体功応用一ヲ、首尾窮竟メ大道分明ナリ也。

（三一二六～二七頁）

右は『神教経』序文の一部である。冒頭で、推古天皇の詔勅として、聖徳太子（「聖皇」）の遺教であることを述べ、また構成の一端が示される（第一の引用）。全体は九章（一心・五心・宗源・斎元・霊宗・一宝・三器・神璽・道数）からなり、初めに「一心」「五心」を置くが、両者は人と神の「心源」（＝根源）・「性地」（＝はじめの展開）として対応関係にあるという。さらに「五心」が「霊宗の体」であり、「宗源・斎元」はその変化（「化流」）ともいわれる。全体として、「一心」の自己展開過程として道・神・人を捉えようとする志向が感じられる。

心の重視は第二の引用でも見られる。そこでは『神教経』全体の力点として「心」が挙げられ、理といい気というも「実は」「畢竟」心が問題であると説かれる。そして聖徳太子はそれを理解した上で、全編にわたり「心の体・功・応用」を論じたと述べられる。ここから『神教経』の主題は、「心」に基づく教えにより世界を導くことであると考えられる。以下、本文でそれを検討する。

一心第一

吾カ天皇ノ心ハ、無聞ノ因無作ノ因、謂フ二是レヲ天真ノ心神明ノ心一ト。

尊大ニメ而非二卑小ノ象一ニ、故ニ名二「天皇ノ心」一ト。冲莫ニメ而非二ス色声ノ之境一ニ、故ニ「無聞作ノ因」。這ノ心ハ是レ心中ノ心ニメ而一箇常ニ存ス。非二垂(卒カ)爾ノ之無一ニ而無ナリ也。非二メ茫然ノ之空一ニ而空ナリ也。非二メ大量ノ洪一ニ而洪ナリ也。非二メ高位ノ崇一ニ而崇ナリ也。千万ノ之卑念欲レモ侵レト之ヲ、本ト洪崇ニメ而不能二ハ親ク窺一フヿ、兆億ノ雑思欲モレ乱レント之ヲ、本ト無空ニメ而不レ能レ寄ルヿ手ヲ。巍トメ而清ク実トメ而感ス、故ニ名二「天真ノ心」一ト也。霊トメ而光リ聖ニメ而虚、故ニ名二「神明ノ心」一ト也。未レタ行而其ノ徳咸ナ具ス。未レタ施而其ノ功大ニ成ル。道モ為二ス是ヲ本一ト。理ハ為二ス是レヲ根一ト。天中ノ事皆ナ成二於是一ニ、天外ノ之事無レ不二ヿ是レ成一セ。兆庶持レテ之ヲ而鮮二シ得レ之ヲ者一ノ。

（三—二八頁）

右の冒頭部分に見られるように、『神教経』は経文とそれに対する注釈の形で記述されている。「一心第一」では、尊く偉大で雑念を去った境地として「一心」を規定し、その「卑念」「雑思」の入り込む余地の無い霊妙な完全さが強調されている。同時にそれは「天皇の心」（経文）と定義されるが、ここでは理由は示されない。ただ引用に続く部分の中で、その見解を得た人は「生ては則ち朝臣と為り内裏に陪し、死しては則ち天民と為り帝処に如く」と述べられる（三—二八頁）ことから、『神教経』の「一心」は最高の境地であると同時に、天皇を頂点とする秩序と関わりあう性格を持つことが分かる。この点、記憶しておきたい。

次の「五心第二」では、「一心」が分化した「五心」が、春—仁・夏—智・秋—義・冬—礼・用—信という五常の道徳に配当される。この儒教由来の徳目の上に、三つの神道が展開する。

序文では「宗源」は、普遍的な法あるいは王道・理の究極を説くといわれた。続く「宗源第三」では、別の側面からの論述が見られる。

……這ノ五鎮成二神ノ躬一ヲ成二人ノ躬一ヲ、又成二虫ノ躬及ヒ化ノ躬一ト。為二其ノ者ノ言一レ之、則是レ内物。五ッノ者ノハ合ノレ一ニ而成二一躬一ト、則チ是レ一物ナリ也。故ニ云フ二「内物一物」一ト。（三―一九頁）

右は経文「宗源の道は、尽きること無き霊物・窮まること無き識物・法極の断物・満ち動く元物・現成す形物、皆な是れ内物一物のみ」（三―一九頁）の注釈である。引用の前に「宗源は、世に普き物に普き元底素なり」（三―一九頁）とその普遍的側面と世界の基盤としての性格が示され、さらに「霊物」「識物」等がおのおの神・心・理・気・境に配当される。引用文はそれを承け、神・心等を「五鎮」と称し、それが「神の躬を成し」「人の躬を成」す、といわれる。五鎮を巡り、次の論もなされる。

五鎮又タ成二天ノ躬及ヒ地ノ躬一ヲ、並ニ成二形極・法極一ヲ。為二ハ顕霊一カ者密霊ナリ、是レ外物ナリ也。有二ル躬之外一ノ万法ハ是レ世物ナリ也。一切咸ナ五鎮ニノ成レ之、故ニ云フ下「成二リ外物一ト生スト中世物上ヲ」。（三―一九頁）

五鎮は天地を形成し、現象界の存在（外物）・主体の身体に外在する全て（世物）を作り出すという。物質とも精神ともつかない霊妙な存在「五鎮」が世界を形成していく法、それが「宗源」の道であり、普遍であり理の究極というのであろう。それに対する「斎元」を、次に「斎元第四」で見ていくこととする。

斎元ノ道ハ者、天道ノ之本ト。道特ニ独リ吾カ国ノ正道ナリ也。是レ神国・奇国・天国・本国、之レ神道ノ勝道・天道ノ正道ナリ也。其ノ国ノ道トハ者那ンノ道ソヤ也。天地ハ本ト一ナリ。已ニ分ツ二陽清・陰濁一ヲ。天ハ定二君上一ニ、地ハ定二臣下一ニ、而再ヒ弗二ス地上一テ成レ二天、臣地不覆二ヒ侵サ君天一ヲ、是レ正法ノ大法ナリ也。

（三一―三二頁）

「独り吾が国の正道」である斎元の教えは、具体的には君臣を天地に擬し、その上下の分を乱さないことといわれる。自然界の様子に事寄せ人間界の秩序を説く手法は、他の箇所にも見受けられる。

日月ハ本ト一胞、主佐一ヒ別レテ、日ハ不レ下二ラ月ノ位一ニ、月不レ牟（昇カ）二日位一ニ。日ハ皇天ニメ而常ニ円ク、又陽徳ニメ而常政。月ハ君天ニメ而増減シ、又進退メ而晦（朔カ）望ス。是レ斎元ノ法ナリ也。其レ其ノ斎元ノ法ハ者、天皇ノ両児、一王ハ即レ位践レ祚、一王ハ賜レ姓下レ臣。在レ宮王ハ者当レ践レ祚ヲ、賜レ姓臣者絶二践祚一ヲ。天道ノ之正道タル是レナリ也。

（三一―三二頁）

自行ハ、日度三百六十五度之行是レナリ。使行ハ、令下メ天ヲ促二一度一行上是レナリ。余行ハ月星皆ナ従レフ日ニ是レナリ。天皇在レ位ニ而行二三徳一ヲ、是自行ナリ也。令二ルニ天下ヲメ安平一ナラ、是レ使行ナリ也。王臣従レフ徳ニ、是レ余行也。

（三一―三二頁）

第一の引用では、君臣を日月に譬える。常に円満な太陽を満ち欠けを繰り返す月に対比し、君臣関係も同様である、その動かし難い隔絶した分際こそ「天道の正道」であり斎元の神道であるといわれる。次の引用では、地球の自転・公転・月の公転等により見かけ上太陽が動くその動きを、天皇の徳行に譬える。自身の持つ「三徳」（知仁勇に配当される、三一―三二頁）、天下を運営する能力、人々の心服を得る徳力、これらが天皇の属性として示されている。二つの引用文とも、天皇と臣下の上下関係が徳の優劣として語られ、それが「斎元の法」として定義されていることが分かる。〈斎元＝日本独自の法〉とは、具体的にはこうした〈天皇支配を当然視する道徳的君臣秩序〉として把握されるのである。

続く「霊宗」の章では、再び「心源に心有り、是れを天皇の心と名づく」以下の記述が見られる（三―三四頁）。しかしながら、一心が源である論理構成は理解されるものの、何故それが「天皇の心」であるかについては、特に論じられること無く既に議論の前提となっているかのようである。それに関連して、二文を挙げる。

這ノ器ハ是レ天皇ノ璽ニメ、而非ス庶者ノ用ニ、故ニ庸ニ其ノ徳ヲ在リ一人ニ。何ソ唯住メ箇ノ理ニ、不ヤ知正従総別之元広ノ理ヲ乎。正ト別トハ是レ天皇ノ一政ニメ非ス兆庶ノ之用ニ、是レ斎元ノ道ナリ也。従ト総トハ即チ天下ノ大道ニメ而万民ノ之行、是レ宗源ノ道ナリ也。是ヲ為ス皇天ノ之意ト。是ヲ以テ用可譬霊器ヲ。皇天授ケテ之ヲ為メ皇ノ璽ト而伝ル王道ヲ於万世ニ也而已。（三―三六頁）

天皇在テ此ノ徳ニ育シ天下ヲ持ス宝祚。臣連止マリ此徳ニ養国家ヲ持氏名ヲ、事者ハ理君父従身ヲ、民庶ハ理父子妻身ヲ。是レ皇天ノ之道ナリ也。（三―三七頁）

ともに神器について述べ、君臣の別を説いている。第一の引用は両者の立場を宗源・斎元に振り分ける。一方、第二の引用では臣側が「臣連」「事者《ツカエヒト》」「民庶」と細分化され、おのおの職分めいたものが示される。つまりここではさまざまな階層が、「天皇の心」により一元的に統合されると共に、各別の立場に応じ職分を果たす社会秩序の構図が示されているのである。

天皇と「心源」の結合はこうして見ると、職分論[41]的な一定の秩序を構成するための根拠として、設定されていることが分かる。諸教を含み込み形成された〈心に基づく教え〉は、同時に、この秩序の主張を担うものであった。また、天皇は即自的に権威を持つのではなく、以上の構図の中で「心源」との関係から理念づけられることで絶対性を付与されていたことも理解される。

では、こうした『大成経』の思想は、乗因にどのように受容されたのだろうか。乗因の思想における「一心三観」の重視と諸教一致論的性格については既に論じたことがある(42)。ここでは特に天皇と秩序の問題に絞り、『金剛幢』と並ぶ最重要の著作『修験一実霊宗神道密記』(43)から考えることとする。

日本ハ神国ナレバ天地開闢以来、天照大神ノ御子孫ナラデハ帝王ノ御位ニ即セ玉フコト無ク、藤原ノ相胤ハ、氏長者ト成テ、摂(ママ)相関白ヲ先途トシ則闕ノ官マデ経上リ給ヘ𪜈、王位ニ登リ玉フ事アタハザルハ神国ノ掟ナリ。若大王種ニテマシマセバ縦ヒ数代ヲ隔テ玉ヘドモ即皇位《アマツヒツギシロシメス》ニ神国ノ道ニ背玉ハザル故ニ人皇二十七代　継体天皇ハ　応神天皇六代ノ後胤ニテ天王(ママ)十代ヲ隔テ玉ヘ𪜈性慈仁孝順ニテ国ヲ治玉フ徳マシマス。故ニ帝業ヲ伝給テ、御年五十七ノ時天位ニ登リ、八十ニテ登霞玉フ、越前ノ足羽明神是ナリ。サレバ、

東照大神君ハ清和天皇二十六代ノ後胤ニテ紛レナキ天照大神ノ後胤ニテマシマセバ、天子ノ大宝ニ冊セ給テ此国ヲ知メシ玉フ事モ正ク、葦原千五百秋瑞穂国、是吾子孫可㆑王之地也、宜㆓爾後孫就而治㆒焉、宝祚之隆当㆘与㆓天壌㆒無㆖窮、ト申ス神勅ニモ叶セ玉フナルベシ。此意ハ御縁起ノ次ノ段ニテ聞エタリ。

御縁起曰、抑本朝帝王ノ苗裔姓氏アマタニワカレシ中ニモ、第五十六代　水尾帝ノ御末ノ源氏ハ武キ勢アリテ、君ヲ守リ、国ヲ治ムル事、世ニ超過セリ。殊更当家ノ祖神ニ祝ヒタウトヒ給フ。東照大権現ノ名高キ世ノホマレハ言説ニモノベガタク筆端ニモ尽シガタシ(已上縁起)。サレバ中比鹿苑院義満公ハ足利ノ三代将軍ニテ武威ヲ和

漢ニ顕シ、奨学・淳和両院別当、源氏長者、征夷大将軍、太政大臣、従一位、准三后、公方、贈法皇ト号シ奉ルヲバ　大神君ノ御遺訓ヲ記シタル書ニハ位ト禄トツリ合ヒタル者ヲ王ト云ハ、天下ヲ治ル人ヲ云ト見ヘタル故ニ、清和ノ御末ハ登極ノ儀アルベキ先蹤ニモヤアラン。

為政者の徳（宗源に相当か）を備えた上で、皇胤（同斎元）であるならば「天子」として「登極」が可能である、したがって徳川家康は天皇として即位の資格をもつ、継体天皇・足利義満の先蹤もある……こうした論が展開されている。日本支配の正当性を認めつつも、天皇が即自的に権威を持つのではなく、普遍と特殊の両面から資格を規定される点で『大成経』所説との連続性を見ることができる。加えて、「サレバ、昔ノ天照大神ハ天ノ窟ニ隠レイマスヲ手力雄命岩戸ヲ開テ豊葦原ノ中国ヲ守リ玉フ。今ノ　東照太《ママ》神君ハ、手力雄命ニ天下安全ヲ祈玉ヒテ神国人君ノ太祖神ト成給ヘリ。時代遥ニ異ナリトイヘ𪜈、霊神ノ威徳ニ依テ天下ヲ有チ給フ事ハ、古今一ナリ」という同書の一文により、その構想は同時に戸隠社（祭神手力雄命）を、当代の社会秩序の中で守護神としての〈役〉を担わせる方向を持っていたことも考えられる。乗因の思想はこのように、独自に規定された天皇を中心とする秩序の観念を持つ点で、『大成経』の影響を認めることができるのである。

おわりに

天台教団との対立と『大成経』所説の受容という乗因の立場は、思想史上どう位置づけられるのだろうか。最後に、『大成経』をめぐる偽作者群を視野に入れて考えてみたい。

現行『大成経』の成立・布教に大きな役割を担った人々として、潮音・沢田源内・依田貞鎮らが知られている。彼らが諸教一致論の立場をとったこと、徳川体制を擁護する姿勢の見られたことについては、既に先学の指摘がある。(44) さらに彼らは、以上の思想傾向と同時に、自ら偽書を編みまた(『大成経』も含む)偽書を熱心に広めた行動様式においても共通している。そして実は、乗因もそれらの諸点で同じ傾向を持つのである。彼らの間に見られるこの思想と行動の共通性は、果たして単なる偶然なのだろうか。

この点に関連して興味深い指摘を行っているのが河野省三氏である。(45) 氏は「三教一致思想が近世初頭の宗教界を支配する勢いを示した」という前提のもと、三教一致論に二つの流れ――①吉田の唯一神道、②「仏教家側」の神道――を指摘する。そして第二の流れの、代表として『大成経』、近世の先頭走者として天海の山王一実神道を挙げている。事実『大成経』に親しんだ人々(先述)には、天海の神道説の受容が認められる。(46) ここから『大成経』に近づいた人々は、同時に天海の神道説を奉じたことが知られるのである。では、その意味するところは何か。以下、考察に入る。

諸教一致説は殆ど間違いなく、心に全てを帰納させる一元論であった。何故神儒仏が一致するのかという問いに、心が万物を主宰することで答えたのである。そして、世界に普遍的な価値を説く一方、日本独自の価値が並んで主張された。前述のように、『大成経』では天皇(の心)がその中核に位置づけられ、絶対性を持ち、世界支配の正統性を持ち得た。神国の主張(三国枝葉果実説など)は、その基盤の上で有効性を持ったのである。

ところでこの種の思惟構造は、個人の内面(＝心)により高次の価値を置くために、独善に陥る可能性の一方で、他からの自律性を獲得し得る。高い心(境地)に到った者は、その境地に達した者でなければ正しく評価できないからである。そこに、師資の間のみで通用し得る秘事口伝の価値が生じる。実際『大成経』は、まさに聖徳太子の隠された秘伝として主張・喧伝された。

他方、近世天台教団は、経典に基づく学問・修行・儀軌を定め、奨励し、そして強制した。安定した支配のためには、えてして平凡な才能の支配層を脅かすような、限られた高い境地の者の自律性は否定されねばならなかった。固定的秩序を確立・維持するために要請されたのが〈正統(教団公認)〉の旗印で、それに反するスタイルが〈異端〉と呼ばれたのである。『大成経』はかくして〈異端〉となった。乗因も同様である。では天海はどうか。

天海の活動した時代は、口伝主義の末期である。その時点で権威を持ち教団統制を行うには、限られた少数者にのみ認められる宗教的能力が絶対的に必要とされ、彼はそれを得、それを活用した。それに対して元禄期以降の天台教団は、誰もが正しいと認め得る基準を設け、それを示し実行させ得る力による権威と正統性の方向に変化した。

『大成経』作者は偽書を作成し自己の神道を主張した。しかし、彼にとって重要なのは、それが真実であるかどうかであった。真か偽か最終的に決めるのは彼の心であり、常識的な由緒の正しさではない。まして世間が公認するか否かは問題ではない。乗因も同様である。そして天海も、家康の言行を〈捏造〉し、彼独自の神道を作り上げた。[47] 天海以降の思潮に一貫してこうした思想と行動の型が認められる以上、結論は明白である。

〈異端〉乗因は、〈正統〉天台教団に従わなかった点で、紛れもなく〈異端〉天海の後継者である。峯中灌頂や霊宗神道の主張も、だから彼の意識の内部では、天海へ到る道筋として認識され志向されていたことと思われるのである。

註

(1) 慈等『山王一実神道原』、賢暁『和光再暉』(いずれも『天台宗全書』一二、第一書房、一九七三年復刻、所収)、小林健三「戸隠山修験道の新研究」(『日本神道史の研究』至文堂、一九三四年――既発表「戸隠山修験一実霊宗神道に就て」『明治聖徳記念学会紀要』三九、一九三三年、および「戸隠修験道に於ける道教的要素に関する考察」〈「近世仏教神道と日本精神」後編〉『明治聖徳記念学会紀要』四一、一九三四年、の両稿を基礎とする――)、菅原信海「乗因の神道説」(『紀要』〈早稲田大学大学院文学研究科〉三八、哲学・史学編、一九九二年)、同『山王神道の研究』(春秋社、一九九二年)第一篇第7章八「乗因の神道説」など。(後記:以上は一九九六年時点。その後、端戸信騎『戸隠権現鎮座考』戸隠遊行塾、二〇〇八年、ケイレブ・カーター「乗因の作り変えた山王一実神道―戸隠山の位置をめぐって」『季刊日本思想史』八二、二〇一七年、などが発表されている)。

(2) 戸隠移住前の『山王一実神道口授御相承秘記』で天海から自己に到る法系が明示され(『天台宗全書』一二、二五三頁以下)、最晩年の『金剛幢』に到っても「一心三観の宗旨」において一実神道との連続性が主張されている。なお、前者の筆写本の各所に「異端記録也不可信之」「妄断根本之書也不可信」「非也邪也不可信」などの朱書が加筆された『無題』(叡山文庫無動寺蔵写本)という一本が現存する。加筆者である真超(「真超記」の朱書あり)が、寛政十一年(一七九九)大僧都・文政十年(一八二七)叡山東塔正覚院探題を歴任し当時の天台教団の中枢に位置したことは、大山公淳『密教史概説と教理』(大山教授法印昇進記念出版会、一九六一年)二〇〇~二〇一頁で指摘されている。

(3) 拙稿「霊空光謙の玄旨帰命壇批判」(『歴史』〈東北史学会〉七五、一九九〇年)。

(4) 拙稿「山王一実神道の展開」(『神道宗教』一四三、一九九一年、本書第一章に収録)。

(5) 和歌森太郎「戸隠の修験道」(信濃毎日新聞社戸隠総合学術調査実行委員会編『戸隠――総合学術調査報告』信濃毎日新聞社、一九七一年、後に和歌森太郎編『山岳宗教の成立と展開』〈山岳宗教史研究叢書1〉名著出版、一九七五年、および『和歌森太郎著作集』二、弘文堂、一九八〇年、に再録)。

(6) 米山一政「概説」(『戸隠――総合学術調査報告』)。その延長上で、長野覚「山岳聖域観に基づく自然護持」(『山岳修験』一〇、一九九二年)は、自然保護を重視した乗因像を造型する。

（7）修験一実霊宗神道の呼称が享保十五年（一七三〇）八月七日の奥院大権現本社造替の時点から見られることは、註（1）小林一九三三年論文に引かれた久山家文書から知られる。同文書は、昭和十七年（一九四二）の火災により焼失した。なお註（1）菅原論文は乗因『戸隠山神領記』を享保十二年の成立とするが、同書冒頭には「戸隠山顕光寺者……修験一実霊宗神道之本山也」とあるので、菅原説に従えば三年遡ることになる。

（8）「戸隠山江被仰渡条々」（久山家文書）。焼亡のため註（1）小林一九三三年論文に拠る。

（9）以下、主として註（1）小林著作に拠る。

（10）註（8）久山家文書。

（11）叡山文庫法曼院蔵写本。引用箇所は、Aが一丁表・二丁表〜裏、Bが五丁表〜六丁表、Cが七丁表〜裏。

（12）執当在任期間は、両者ともに寛永二年（一六二五）〜承応二年（一六五三）（宇高良哲「天台宗触頭寛永寺執当譜年次考」、初出一九九二年、同『近世関東仏教教団史の研究』文化書院、一九九九年収録）。

（13）灌頂の階梯は流派により相違する。Aで「瑜祇以来」というのは、胎蔵・金剛・合行・瑜祇・秘密と段階を設ける「通俗の習」を想定してのものか。敬光『山家学則』下（『近世仏教集説』ゆまに書房、一九九三年復刻、二一一頁）参照。

（14）密教では灌頂に進む以前に種々の所作を行い、法曼流においては四度加行（十八道法・胎界行法・金界行法・護摩法）をそれにあてる。島地大等『天台教学史』（隆文館、一九八六年復刻）四二一頁参照。

（15）Bは年代を欠くが、享保元年に公弁法親王（大明院宮、輪王寺第三代門跡、一六六九〜一七一六）の令旨で法曼流に統一された事実が指摘されていること、また「向後……相極」の表現でBはちょうどその時点の文書と考えられることから年代を推定し判断した。享保元年令旨については、清水谷恭順『天台の密教』（山喜房仏書林、一九二九年）一八一頁、福田堯頴『天台学概論』（中山書房仏書林、一九九〇年九刷）四九四頁（既刊『戒密綱要』一九一四年、六三頁と同内容）、

註(2)大山著作一八四頁、など参照。

(16) 註(15)各書は公弁の令旨と説くが、彼は前年に退任し令旨の四箇月前には死去していることから、公寛法親王(第四代輪王寺門跡、在任一七一五～三八)が遺志を継ぎ出した令旨と考えられる。

(17) Cの宛先の滋賀院門跡は、輪王寺門跡法嗣予定者の幼少時学問修行所および輪王寺門跡隠居所として、正保二年(一六四五)造営された、いわば輪王寺門跡と一体の存在である。差出の「霊山院」は、ごく近くの天台宗寺院。

(18) その結果、法曼流が隆盛を誇ったことについては、註(15)清水谷著作一七五頁など参照。

(19) 『長野県史』近世史料編　第七巻(三)北信地方(長野県史刊行会、一九八二年)八五七頁。

(20) 戸隠社に関する最も古いまとまった記録である『阿娑縛抄』や室町時代成立の『戸隠山顕光寺流記并序』には、学門行者の事蹟のみ登場する。①のように記述が役行者まで及ぶ記録としては乗因『戸隠山大権現縁起』が早い。②の彦山からの伝授については、乗因『戸隠山神領記』に「大永四年(一五二四)宣澄已に害せられて台密修験深秘極秘を相承する者無きが故に、宣秀・栄快等豊前国彦山阿吸房即伝に従ひ、台密入峯修行の極意を稟」けたと記す(『美濃・飛驒・信濃国』〈神道大系神社編二十四〉一九八三年、四〇二頁、原漢文)。③に先立ち戸隠山が「修験道を離脱して天台宗に革まった」ことについては、米山一政「戸隠修験の変遷」(鈴木昭英編『富士・御嶽と中部霊山』〈山岳宗教史研究叢書9〉名著出版、一九七八年)で指摘されている。④については寛永寺からの布達に基づくもので、法曼流の可能性があるが未詳。金井喜一郎「戸隠神社院坊の変遷と祭祀」(『戸隠――総合学術調査報告』)所収年表参照。

(21) 以上の彦山修験に関する記述は、佐々木哲哉「修験道彦山派の峰中修行」(中野幡能編『英彦山と九州の修験道』〈山岳宗教史研究叢書13〉名著出版、一九七七年)に拠る。

(22) 註(20)所引『戸隠山神領記』参照。なお註(21)佐々木論文では、大永四年宣秀相伝の『峯中法則記』の存在を記す

（同論文註（15））。

（23）『日本大蔵経』三七修験道章疏二（一九一九年）二四七～二四八頁。本書の成立（大永年間といわれる）や内容に関しては、宮家準『修験道思想の研究』（春秋社、一九八五年）、浅田正博「修験教義書に引用された口伝書の考察」（『大倉山論集』二七、一九九〇）参照。

（24）『阿蘇・英彦山』〈神道大系神社編五十〉（一九八七年）八四～八五頁。上巻末尾に大永七年（一五二七）即伝より快乗（金峯山東光院大先達）に相伝された旨の識語あり。

（25）同前、八九頁（原漢文）。

（26）『修験道正宗』は昭和十七年の火災により焼失したため、註（1）小林著作に引用された部分を転載する。

（27）註（1）小林著作。

（28）尹澄は道教の神仙で、飛行を能くし、現世に三百年程とどまり漢の昭帝の時に昇天したという。『歴世真仙体道通鑑』巻九に「後に峩眉山中に仙人宋君に遇ひ、授くるに『三皇内文』及び『九丹秘訣』を以てす。澄、之れを修するに大験あり、遂に能く山を封じ嶽を掌り骸を生かし病を護る」とある（『正統道蔵』洞真部記伝類、民国一二至一五年上海涵芬樓影印第一四〇冊、原漢文。高野淳一氏のご教示による）。

（29）註（6）・（20）米山論文。

（30）註（3）拙稿参照。

（31）註（15）清水谷著作一四三頁。

（32）乗因においても、「汝等浅慮短智を以て法性の源底を疑ふべからず、若し爾ば本分の八葉自然と開敷し、心中の阿字法爾と顕然易修易証之道、入峯之行に超えたるはなし」（『戸隠山大権現縁起』）と、入峯修行が第一の肝要であることがいわれている。神道大系編纂会編／曽根原理校注『戸隠』㈠〈続神道大系神社編〉二〇〇一年、一九五頁。

(33) 註(1)『天台宗全書』一二、二五七頁。

(34) 三教一致論(諸教一致論)が単なる宗教思想でなく、当時におけるイデオロギーとしての役割(神国規定など)を担っていたことについては、奈倉哲三「幕藩制支配イデオロギーとしての神儒習合思想の成立」(『歴史学研究』別冊〈世界史における民族と民主主義〉一九七四年)、大桑斉『日本近世の思想と仏教』(法蔵館、一九八九年)第3編第六章「幕藩制イデオロギー論と三教一致論」、参照。

(35) 以下註(1)小林著作。引用部分は同書二三一頁。なお、乗因著の『戸隠権現鎮座本紀』には戸隠社や同社祭神に関し、記紀と『先代旧事本紀』に加え多くの『大成経』の記事が抜粋され、それについても既に小林氏が指摘している(註(1)著作)。ところで、同著作刊行後の昭和十七年の火災で、多くの文献が灰塵に帰し『戸隠権現鎮座本紀』もその中に含まれた。しかしながら幸いなことに、『修験一実霊宗神道密記』(久山家本現存、筆者未見)および『戸隠権現鎮座本紀』の二書については昭和五年に坂井典敏氏(当時戸隠尋常高等小学校校長)の手による謄写版が作成され残っている(註(1)小林一九三三年論文註参照)。今回、松井憲幸氏(現戸隠神社宮司)のご好意により同謄写版コピーを入手することができた。それによると、『戸隠権現鎮座本紀』に引用されている戸隠社関係記事は順番に、『先代旧事本紀』巻六(A三二〜三六頁)、『古事記』上巻(B八〇・八二頁)、『日本書紀』巻一(C一一一・一一三頁)、『大成経』巻六(D一—一三五頁)、同巻七一(D四—三三六頁)、『先代旧事本紀』巻一(A一〇頁)、『大成経』巻一八(D一—三五六頁)、『先代旧事本紀』巻二(A四二〜四四頁)、『大成経』巻一(D一—三九頁)、『大成経』巻二(D一—六六頁)、吉田兼倶『唯一神道名法要集』(F三二三頁)、林羅山『本朝神社考』(E九四頁)。なおA〜Fは以下の底本の該当箇所の(巻と)頁を示す。神道大系本A(古典編八、一九八〇年)、E(論説編二十、一九八八年)。岩波古典文学大系本B(1、一九五八年)、C(67、

一九六七年)。岩波日本思想大系本F(19、一九七七年)。D続神道大系本一~四(一九九九年)。

(36) 通説では『大成経』は、潮音道海(一六二八~一六九五)および永野采女の共著とみなされているが、河野省三『旧事大成経に関する研究』(国学院大学宗教研究室、一九五二年)では、豊富な内容、大がかりな構成や他の作者の関与を説く伝承等から推測し「たとひ潮音が偽作者として最も大きな役割を果してゐるとしても、何か拠るところの種子本があつたのではあるまいか。それが『旧事大成経』としての形態を具へるほどの物ではなかつたとしても、少くとも潮音若しくは其の一味の人々をして之を増補し修備して、その人々の目的を満足させるに十分な材料が『先代旧事紀本紀』らしい形で偽作されたのではあるまいか」との疑義を呈している(同書五八~五九頁)。それに前後し潮音作者説を疑う森田康之助・久保田収氏等の所説も提出されている点は、岩田貞雄「皇太神宮別宮伊雑宮謀計事件の真相」(『日本文化研究所紀要』〈国学院大学〉三三、一九七四年)に詳しい。

(37) 註(36)河野著作「二、大成経著作の目的」。

(38) 註(36)岩田論文など。なお①と⑤を中心に論じたものとして、圭室文雄『江戸幕府の宗教統制』(評論社、一九八〇年)Ⅳの記述がある。

(39) 以下『大成経』については、特に断りの無い限り註(35)D本と同じ『先代旧事本紀大成経』一~四〈続神道大系論説編〉(一九九九年)によりその巻と頁数を表示する。なお送り仮名等を延宝七年(一六七九)版本で補訂した箇所がある。

(40) 『宗徳経』はその序文で、「聖皇肇めて神教経を製し、吾が神道の大宗を露す。三部兼備て学道の軌とするに堪たり。然りと雖も其の余無きに非ざる故に、朕重て請て此の経を著すことを得たり。是れ吾が道の根本なり」(三一―六頁)「聖皇の解、本末要を以て宗源の道を演て霊宗の旨を含む。宗源立ち霊宗含て斎元自ら存す、是を以て宗徳経と名づく。至れるかな真人の作、彼の経(神教経)三説たる、此の経(宗徳経)一説たる。三説は具足し、一説は含足して偏倚する所無し」（三―六頁）と二経の位置づけを行う。紙数の関係から、次の機会に扱うこととしたい。なお神教・宗徳二経については、註（39）本を底本とし巻・頁数を表示する。

（41） 近世の職分論が持つ性格については、佐久間正「徳川期の職分論の特質」（源了圓・玉懸博之共編『国家と宗教』思文閣出版、一九九二年）など参照。

（42） 註（4）拙稿。同論文で扱えなかった他の著作においても、「伝授灌頂トハ本転輪聖王位ヲ嗣テ天下国家ヲ治玉フ法ナレバ、日本ニテハ神代ヨリノ儀式ナルベシ。摂家ノ職ハ、神世ヨリ相伝メ、大嘗会ニ天神地祇ヲ祀ルノ大事、幷ニ即位ノ灌ト頂ノ大事ヲ伝ルト申ス。有職家ノ説実ニ信スルニ足レリ。転輪聖王ヲ倶舎論ノ中ニハ天尊ト称セリ。異朝ノ神書ノ中、霊宝諸天霊書度命妙経ニ曰、天尊ノ言ク、能奉レ之者ハ七祖生レメ天転輪聖王世世不レ絶ト。天神七代地神五代ハ皆是天尊ニテ転輪聖王ナル故ニヤ。人代ニ至テモ、日本ノ国王ヲバ拾芥抄・元亨釈書等ニ金輪聖王ト名ヅクレバ、異国ノ神道ハ専ラ我神国ヲ根本トスルナルベシ。太上仙公請問経ニモ亦云ク、世世生ニ王侯家一是謂ニ転輪聖王家一ト、終ニ入ニル真仙之道一（略抄）。異朝ノ神書ハ三千九百五十七巻アリ。道蔵経トモ申ヲ、宋ノ真宗皇帝御製ノ序ヲ冠ラシメ、勅メ宝文統録ト名ク。イマダ此方ヘワタラズ」（『修験一実霊宗神道密記』、註（32）『戸隠』㈠、一〇〇～一〇一頁）と諸教一致論に基づく道教説への接近が見られる。なお引用中『倶舎論』の援用箇所は、『大正新修大蔵経』二九、六五頁か。

（43） 享保十六年（一七三一）成立。引用は昭和五年坂井典敏氏謄写版（註（35））を底本とする翻刻（註（32）『戸隠』㈠）九五～九七頁。

（44） 『大成経』と潮音・沢田の関係については註（36）河野著作、沢田の『倭論語』をはじめとする偽書作成については河野省三『日本精神の研究』（大岡山書店、一九三四年）第四章「倭論語に就いて」、『大成経』に親和的な依田貞鎮、批判的な大宰春台・同本居宣長という思想対立については小笠原春夫『国儒論争の研究』（ぺりかん社、一九八八年）参照。

(45) 以下、河野省三『近世神道教化の研究』(国学院大学宗教研究室、一九五五年)第一章三「近世神道思想の動向」。

(46) 潮音『扶桑護仏神論』には「東照権現山王一実神道を慈眼大師に伝授して権現と為」った事実を根拠に羅山の神道を批判し「大逆不忠の人」と罵る記述がある(神宮文庫蔵写本下巻一丁裏~二丁表)。沢田『倭論語』跋文(署名は「羽林長」)は「伝聞いにしへ溟滓乃蒼海に」以下の天海『東照社縁起』の一文を引用し、「良に由有る哉」以下神の冥慮を説く。依田にも『山王一実神道秘録』の著作がある。拙稿「江戸時代の習合思想—潮音道海の神道説をめぐって—」(ルチア・ドルチェ/三橋正編『「神仏習合」再考』勉誠出版、二〇一三年所収)参照。

(47) 天海『東照社縁起』真名上巻は、仏法に帰依した家康が説法を行う形で記述され、明らかに天海の創作と見られる。

第三章　即伝と乗因

――彦山修験から戸隠修験へ伝えられたもの――

はじめに

彦山修験史上、最も著名な人物の一人に阿吸房即伝（一五〇九～五八）がいる。彼の編述になる教義書は、各地の修験に伝授され、彦山一派の範囲を超え修験各派の基本文献になったといわれている[1]。彼の直接的影響は西日本に強いが[2]、東国でも皆無ではない。その一事例が、信濃国戸隠山であった。

即伝による戸隠山への教学伝播は、大永四年（一五二四）初秋のこととされる。これより先に、戸隠衆徒の中で天台・真言両派の争いがあり、天台系の宣澄が殺害された結果台密修験の相承が途絶え[3]、当時信濃から北陸を遍歴していた即伝が、求められて戸隠山第四十二代別当の宣秀、およびその弟子栄快（後に第四十三代別当）に『峯中法則』一巻と『三十三通秘決』を授与した、と伝えられる（別当の世代は『戸隠山神領記』による、以下同）。だがこの出来事について、詳しく記した同時代史料は見当たらない。最も詳細な記述は、後代の編纂物にある。享保年間に作成された、乗因撰『戸隠山神領記』および同『戸隠山大権現縁起』がそれである[4]。

乗因（一六八二～一七三九）は、戸隠山第五十五代別当として天台宗本山の寛永寺より赴任したが、独自の教義を主張するなどして本山と対立し、最後は徳川公儀によって遠島に処せられた人物である。こうした人物によって即伝教学の伝授の様子が初めて詳しく記録されていることは、単なる偶然以上のものが感じられる。乗因は自らの必要性に迫られ、即伝の〈発見〉を行ったのではなかっただろうか。

即伝から戸隠山別当たちへの伝法自体は、おそらく歴史的事実であろう。だが、その事実を埋もれさせず掘り起こした乗因の意図も、また興味深いところである。発見された即伝——発見した乗因。両者のつながりが持った意味について再考するために、以下、戸隠に伝播した即伝教学と、乗因教学との関係を探ることとする。

一　戸隠に伝えられた即伝教学の基調

乗因の記録では、戸隠に伝えられた即伝教学を「峯中法則一巻」および「三十三通秘決」と記している。即伝の編著に、これと完全に一致する書名は見当たらない。ただ前者については、その巻上題下に割書で「又云秘密峯中法則」とあることから、おそらく即伝撰『三峰相承法則密記』（全二巻、以下『法則密記』）に当たると思われる。後者については、即伝編『修験修要秘決集』（全三巻、以下『秘決集』）のうち、衣体分から極秘分までの三三通を指すと思われる。[5]同書は、五〇通の口伝印信切紙を集成したものであるが、そのうちの三三通（衣体分一二通・浅略分七通・深秘分七通・極秘分七通）は、『修験三十三通記』（伝智光・蓮覚等編、全二巻、以下『三十三通記』）をもとに編集し直したものと考えられている。[6]そこで本節では、戸隠に伝播した即伝教学の基調を、両書の記述から探っていきたい。

『法則密記』は、豊前国彦山における峯中修行の大綱を一三六項目にわたって記したもので、具体的な記述で峯中修行全体を網羅していることから、恰好の手引書として広く各派に援用されたという。[7]一方、同書の性格については、以下のような記述に注目したい。

腕比・小打木とは、度衆新客等即身即仏の密具なり。故に腕比を以て小打木を精ずること、度衆新客等即ち自身自仏を驚覚せしむるの義なり。二打これを精ずるは、色心の二法を表す。一打これを精ずるは、色心の不二を表す。六打これを精ずるは、六大の法身を表す。深秘、深秘。(8)　（第六十九　勤行の時腕比を以て小打木を精ずる事）

密教的意味を込められた腕比・小打木という二つの道具について、修行者が自分自身の中の仏を目覚めさせるために使うと説明されている。すなわち、おのおのの修行者には仏が内在するという観念が窺える。また、修行の場に関しては次の記述がある。

入峯修行の表示においては二義あり。一義に曰く、行者の直身に歩を運ぶ事は、事理相応・十界互具の修行を表す。修験の意、事相を以て理性を顕す。故に高山の峰を攀じては従因至果の道を顕し、幽谷の深きに下りては従果向因の理を示す。これ則ち事なり。従因至果とは、九界の因に仏家の果を具足するを表す。従果向因とは、仏界の果に九界の因を具足するを示す。これ則ち理なり。一義に曰く、入峯修行とは難苦の二行を表す。謂く捨身嶮難の峯に入り無上菩提の道を求む、これ則ち苦行なり。十界互具即身即仏行義を了解せず、これ則ち難行なり。(9)
（第百八　入峯修行表示の事）

修験の本領は、絶対・平等の真理を相待・差別の現象によって表わすところにあると説く中で、高山・幽谷での修行こそが真理に至る道であることが強調される。修行の場はそのまま「従因至果」等の仏教教理を示す、と述べている。

こうした、現象界への肉薄により仏教の真理が感得されるという主張は、『秘決集』でも同様に頻出する。一例を挙げる。

問て曰く、諸宗各々仏経を以て所依と為してその宗義を建立す。若し爾らば、修験道は何れの経論を以て所依と為してその宗義を呈するや。
答ふ、修験の道は本より降来無作本覚体性・六大法身の極位、而して偏円権実の差説を泯し、大小機法の待対を絶す。然りと雖も、強て修験の依経を謂ば諸仏已證の法曼荼羅にして、紙上に載せず翰墨に顕さざる処、法爾常恒経これなり。法爾常恒の経とは、風樹頭に吟じ波砂石を撃つ法界の音声なり。十界の衆生麁言・軟語、皆な悉く阿字恒説の妙経にして依正の二報鎮に三密の自楽を説く、然れば則ち舌根を動かさずして能く性相を談じ、音声を震はさずして言語法界に遍ず。六根の獲益全くこれ説法、見聞覚知即ちこれ聴法なり。既に如来未だ一法を説かざる処、一切諸法本不生の色心、専らこれ修験一家の宗旨なり(10)。（浅略分第一通「依経用否の事」）

仏教各宗派は、それぞれ立宗の拠り所となる経典を特定する（華厳宗なら華厳経、真言宗なら大日経など）。修験道はどの経典を選ぶのかという問いに対し、答えは、自然そのものを経典とする、ということであった。風の音、波の声など、世界の諸現象がそのまま仏教の真理と等値されることから、引用の続きでは「仏経を以て所依と為さず」と述べている。
このように『法則密記』や『秘決集』には、自分自身が仏である、または自然界の諸現象それ自体が仏教の真理と一体である、という観念が示されていた。それは、中世に広がった本覚思想の特徴と一致することから(11)、即伝の思想的営為を、本覚思想を基調とした修験教義の体系化と把握することも可能と思われる。

二　即伝の「修験一実」の主張

しかしながら、本覚思想は中世の思想世界で広く受容されたもので、必ずしも即伝の独自性を示すものではない。では、即伝の思想の何が、戸隠修験や乗因に独自の影響を与えたのであろうか。本節ではその解明のために、「修験一実」の語に注目してみたい。

おそらくは戸隠に伝播した彦山流即伝教学に含まれていたであろう即伝の『秘決集』には、「一実」や「修験一実」の語がしばしば登場する。

右の秘決は、智光行者の伝記に依て大綱これを抄出し了んぬ。この外、諸師の異解に依て或は「胎内胞衣」或は「福田衣」の表義有と雖も修験の所用に非ず、故に記せず。誠にこれ一実無差の真理、入峯修行の詮要なり。縦ひ智道秀逸の仁たりと雖も、未入峯の倫に対して輒くこれを説くなかれ。何に矧んや、非器不信の前においてをや。深くこれを慎むべきものなり。(12)（『秘決集』衣体分第四通「結袈裟の事」）

右の一文は、即伝の口伝が智光（十五世紀末頃活動、生没年未詳）の相伝に基づくことを記したのち、口伝を「一実無差の真理、入峯修行の詮要」と称えている。「一実」は「無差」（個別性の超越）と共に「真理」の性質を説明しており、通常は〈唯一の真実＝真如〉といった意味で用いられる語である。そして興味深いことに、それは別の箇所では「修験」と結合して用いられている。

伝記に曰く、夫れ山伏と云は、「山」は竪の三画・横の一画の文字なり。竪の三画とは法・報・応の三身、空・仮・中の三諦なり。横の一画とは三身即一・三諦一念なり。「伏」とは人・犬の二字双対の文字なり。人は法性に取り、犬は無明に取る。無明と法性とは二而不二・即離不謬にして一体異名なり。系図を以てこれを顕はす。

中道　応身・蓮華部・空諦
仏部　**山**　三身即一・三諦一念
法身　報身・金剛部・仮諦

犬　衆生所起の妄想無明を犬と名づく。『大論』に曰く、無明癡犬人を棄て塊を逐ふ、衆智の獅子理を得て名を亡す文。

人　衆生所具の本有法性を人と名づく。『八陽経』に曰く、左のノを正と為す、右の乀を信と為す、常行正信の故に名て人と為す文。

秘記に曰く、山は三身即一・三諦一念の義、伏は無明・法性不二一体の理なり。三身・三諦は本地無作の内證、色心不二の三徳なり。法性は大海の如く、動転すること無し。無明は波浪の如く随縁有り。故に海水と波浪と不一・不異なり。故に無明即ち法性、法性即ち無明と説き、三身即ち一身、一身即ち三身と談ず、これ山伏の名義なり。宗義は則ち万法を山伏の二字に摂し、勝利は則ち十界を行者の一身に帰す。行住坐臥の挙動、無作三身の妙用、麁言輭語の作業、法爾恒説の法楽なり。三業天運に任せ、四儀菩提に譲る。然れば則ち、成仏を求めずして成仏を呈し、凡身を改めずして覚位を證す皇（ママ）矣。顕密二教の大蔵、修験一実の源底なり[13]。

（『秘決集』深秘分第一通「山伏二字の事」）

右の引用では、最初に山伏の字義が説明される。まず「山」の字は、縦の三つの線と横の一つの線から成る。『秘決集』はそれを、仏の三身（法身・報身・応身）が本来一つであることを表す、という。さらに加えて、三つの真理である三諦（空・仮・中）が一念の中にあることも示している、と説く。続いて「伏」の字について「人」「犬」の二つの部分から成ることを指摘し、法性（人に相当）と無明（犬に相当）が本来一体であることを示す、と述べている。

実はこの一連の記述は、『三十三通記』に既に見えるところである（深秘分第五通）[14]。だがそこでは、主張の正しさを称える一句は「修験一道の眼目」と記されていた。それに対し、引用文末尾の「修験一実の源底なり」は、『三十三通記』に見えない、即伝独自の表現である。ここでも「一実」は、互いに異なる三つが一つの真実に包含されるという、真理の一元的・総合的な側面を強調した語であることが理解される。さらにそこには、「修験」と「一実」が組み合わされた「修験一実」の表現が見え、修験こそが「一実」であるという主張が窺える。それに関して、『秘決集』では他に二箇所「修験一実」の用例があるので列記する（傍線筆者）。

a夫れ修験の宗旨とは、無相三密の法義・十界一如の妙理なり。彼の状相を訪へは、両部本具の直体なり。この勝理を尋ぬれば、即身頓悟の内證なり。その体虚空に遍じて色量有るに非ず。その智法界に満じて辺際を知り難し。実にこれ仏祖不伝の真理、以心伝心の当頭にして、意の識る所に非ず、言の言ふ所に非ず、強いてこれを不思議に種す。或はまた謂ふ、不可得色心不二、有無を離れ、凡聖一如にして迷悟を絶す。若し盲人の為にこれを説かば貿牀雪鶴乳色を示すが如し、四盲各々異計して終に乳色を知らず。故に修験の立義は、仏教を仮らず、文字を立てず、唯だ以心伝心にして、設ひ師説教文に因ると雖も、文句を以て道と為さず。然りと雖も、至道は無言にして言はざる無く、般若は無智にして知らざる無し。真際を動かずして諸法を建立す、諸法即ち真際なるが故に。若し自心を見ば諸法他に非ず、若し実智を開かば衆象我に有り。当に知るべし、終日説きて終日説かず、即ち破して即ち立し、即ち立して即ち破す。修験一実の謂、誠に以て然るべし。(15)

(『秘決集』浅略分第二通「修験宗旨の事」)

b問て曰く、五智の宝冠は金色五角なり、何か故ぞ今頭襟黒色十二襵なるや。

答て曰く、黒色は無明なり、十二の襵は十二因縁なり、然るに今修験一実の深法に値て、自身舎那の道理を覚知する時、十二因縁の当体還て五智本具の体證なり、何ぞ外用の事相を執して内證の真実を捨んや……(16)

(『秘決集』深秘分第五通「宝冠問答の事」)

引用文のaでは、修験の「宗旨」を説明するに当たり、「色心」「凡聖」などの現象世界の個別性を離れた真理であり、言葉や文字では伝えられず「以心伝心」のみによる、という。そうした修験の真理を称す語として、「修験一実」を挙げている。bでは、修験装束の頭襟を大日如来の宝冠に見たてることについて説明する中で、修験の真理を「修験一実の深法」と呼んでいる。a・bともに、〈修験＝一実〉という主張に基づく記述である。

以上のように、即伝編『秘決集』では、修験の奉ずる真理を「一実」の語で示していることが確認できるのである。

三　山王神道の「一実」と即伝の「一実」

実は「一実」の語は、山王神道の伝統を受けた天海の神道概念としてより広く知られている。天海は「諸神の権を会し山王一実に帰す」(17)(『東照社縁起』真名上巻)と「一実」の語によって自らの神道の神格を表現したことから、彼の神道を「一実神道」（または「山王一実神道」）と呼称する。[18] さらに「一実」の語の淵源は、中世の山王神道書に遡る。

我が国は神国たる故に応迹の神明これ多し。然れども、今日一代教主釈尊の応迹の神は日吉大宮権現許りなり。自余の神明は垂迹を以て本と為す故に、本地の沙汰これ無し。山王権現独り応迹の神明と為す。本迹殊なれりと雖も不思議の一の山王なり。故に日本一州の神明は、皆な山王応迹の前方便なり、故に山王秘決に云ふ、三権の諸神を会し一実の山王に帰す、となり。これ則ち神明開会と云ふ秘事なり[19]……　（『渓嵐拾葉集』巻六）

右は、南北朝期の叡山で作成された史料の一部である。ここでは、「一実」は「三権」に対する語で、神の定義として使われている。劣位の「三権」の神に対し、釈迦の垂迹としてそれらに優越した神格を示す語が「一実」であるが、優越の仕組みに特徴がある。「会し」とは開会、すなわち、声聞・縁覚・菩薩の「三乗」について、おのおのを区別する誤った考えを開き、劣った三乗の教え（「三権」）がそのまま一乗（仏の教え）であることを承認し、三乗は一仏乗に帰結すると会得させることをいう。そうした包括的教えを体現した存在としての山王権現を、「一実」という語で示しているのである。そしてこの場合の「一実」の教えは、蔵・通・別に対する天台「円教」に当たる。

このように中世の山王神道では、「一実」は天台仏教の教学体系を基盤とする概念であり、天台至上の立場で用いられた用語であった。天海もそれに基づき、「一実」の語を用いていた。

こうした中世山王神道の「一実」が、実は即伝にも影響を与えていたと推測される。根拠として、次の山王神道書の記述を挙げたい。

c「山」の字は、竪三点の下に横一点を加へ、三を合はせて一と為す。「王」の字は、横三点の中に竪一点母を加へ、三を具して一と為す。故に知る、「山王」と言ふは非三非一・而三而一・亦横亦竪・非横非竪を表顕すのみ。[20]

（華蔵院本『山家要略記』）

d座主慶命大僧正に語りて曰く、我が名を山王と号するは、一心三観を以て名字と為すなり。「山」の字は横の一点を以て竪の三点を消し、「王」の字は竪の一点を以て横の三点を消す、これ則ち不縦不横・非一非三の一心三観の義なり。[21]

（『渓嵐拾葉集』巻三）

引用したc・dともに、「山王」の字義を〈三＝一〉という論理で説明する。特にdでは、「三」を「一心」のうちに修される「三観」（空・仮・中）とも結びつけている。これは、前出の即伝撰『秘決集』「山伏二字の事」における「山」字の説明とほぼ重なり合う。cの『山家要略記』は鎌倉時代後半の成立といわれ、[22] dは南北朝期の成立であることから、共に即伝に（智光たちにも）先行する。こうした点により、即伝は何らかの形で山王神道書の影響を受け、〈三＝一〉の論理を自己の思想表現の中に取り込んだことが考えられるのである。

しかしながら、即伝の「一実」は、三が一に帰結するという点では同一であるものの、その帰結点が異なる。「修験一実」の用語に見られるように、修験道が至高の位置に置かれる。つまり、天台止観に対して、山林抖擻の実践行とその境地が真の「一実」であるというのであろう。同じ「一実」という用語を用い、〈三＝一〉の論理も相似しているものの、即伝編著と山王神道書の間には、何を「一実」の対象とするかについて、大きな相違が存在していた。

四　乗因の「修験一実」の主張

享保十二年（一七二七）七月の戸隠赴任の頃、乗因は自らの神道を呼称する際に「一実神道」の語を用いていた。遅くとも翌十三年十月までに作成されたと考えられる『転輪聖王章』の冒頭は、「転輪聖王、閻浮提を領するの大法、これを一実神道と謂ふ」という文章から始まる。また、同書の巻頭書名下には「一実道士乗因述」と記され、彼が自らを、天海の「一実神道」の継承者に擬していたことが端的に示されている。[23]

だがその後、乗因による自己の神道説の呼称は、「修験一実霊宗神道」の語に変化する。享保十六年（一七三一）の成立といわれる『修験一実霊宗神道密記』（以下『密記』）の冒頭では、「信濃国水内郡戸隠山は、修験一実霊宗神道の本山なり」という文章によって、自らの立場が表明されている。

ところで従来は、それまでの「一実」に加わった新たな要素のうち、「修験」は戸隠修験、「霊宗」は『大成経』に由来すると論じられてきた。[24] けれども今回の検討の結果、「修験」はもちろん「一実」についても、彦山修験から戸隠修験への影響が考えられるようになった。今まで殆ど指摘されて来なかったが、戸隠転住によって即伝教学を意識したことが、乗因の思想的立場の変化に関わったのではないだろうか。[25] その観点から、乗因の彦山修験に対する見方を検討してみたい。

前出の『密記』には、次の文章がある。

豊前国彦山は役行者以来一派の伝来にて、戸隠・彦山通用の法流にて、古は互に伝受灌頂したる山なる故に委く出す。後伏見天皇第六の皇子助康親王は、彦山座主の始なり。これは本と三井寺円満院の宮にて長助親王と申たりしが、後に彦山の座主に任ぜられ彼山の法流を伝へ、「有」の字を通り字にして今に子孫相続して、近来は日光御門主の院室なり。天正年中の座主舜有は、女子ばかりにて男子なき故に、日野大納言輝資卿の三男を養子とし、忠有と云ふ。忠有も女子ありて男子なきゆへ、岩倉倶堯卿の二男を養子とし有清と云ふ。有清の子を亮有と云ふ。亮有の子を廣有、廣有の子相有なり。代々僧正あるいは大僧都なり。[26]

乗因は各地の大社の別当を列記する中で彦山に触れる。注目したいのは戸隠と彦山は「通用の法流」という認識である。彦山は、役行者以来の修験の伝統が広く知られており、あるいはそれと同じ流派であることを強調することで戸隠修験の地位確保を図ったと考えられる。そこに乗因にとっての、即伝の存在の重要性があったのではないだろうか。

同様の記述は、享保十九年(一七三四)成立の『官僧衣体編』にも見える。

さて山々の由緒に依て房の色各別なり。山門などは通用にて黒・白の二色なり。三井の長吏は紫房・緋房等色々なり。彦山の座主は緋房なり。これは、後伏見院第六の皇子長助法親王は寺の円満院の宮にて、後に彦山座主に任ぜられ玉いて助有親王と申し奉るゆへに、その時より緋房・紫房共に着用し来るなり。戸隠山は上古より彦山通用の法流にて、殊更大永年中真言・天台の確執ありて台密の相承断絶せんずる時に、かの山より入峯灌頂の法伝授する故に、戸隠別当は右の由緒を以て緋房の袈裟を著《（ママ）》するなり。衆徒・大先達・弟子等は種々不同なり。記録あり。[27]

山伏の装束の一部である結袈裟には、特徴的な房が付けられている。乗因は流派によって房の色が異なることを記し、山門・延暦寺は黒と白、寺門・園城寺(三井寺)は緋と紫と述べた後、戸隠は昔から彦山と同じ流派であるから緋を用いるという。ここでも大永年間の即伝からの嗣法に言及して、戸隠が彦山と同流であると主張しているのである。

さて、こうした系譜認識は、乗因の戸隠修験の理解とどう関連するだろうか。ここではそれを考えるため、乗因撰『戸隠山大権現縁起』の一文に注目したい。

されば戸隠両界山峯中伝授灌頂の表白には、「それ当峯と云は胎金両部の浄刹、無作本有之曼荼なり。森々たる嶺岳は金剛九会ノ円壇、鬱々たる岩洞は胎蔵八葉之蓮台なり。山川卉木全く遮那の真体、嶺嵐谷響はおのづから法身の説法なり。三部の諸尊ハ済々と羅列し、無数の聖衆は奇々安座せり。然らば則ち、本有の色声は見聞顕はれ、法雨の境知は有空を絶す。既に知りぬ、法爾自然の曼荼、三密瑜伽の霊峯なり。ここを以て高祖役ノ聖者、内には毘盧本覚之内證に住し、遠く歩を峻嶺に運びて即身頓悟の秘法を修し、外には龍樹大士の印璽に依り遙に跡を当峯にしめて、飽まで南天開塔の玄風を弘む。大なるかな、顕密の行業一揆し事理の二法冥契せり。貴きかな、諸法が中の秘法深秘が中の極秘なり。この峯に入る輩は、薄地底下の凡体を改めずして忽に胎蔵八葉ノ中台に登り、この地を踏む者は父母所生の肉身を転ぜずして金剛不壊の法身を證す。況んやまた一々の事葉は皆悉く如来の作業、各々の名目は即ちこれ秘密真言なり。語黙玄微を失せず、動静法界を離れず。まさに知るべし、無相三密の正底十界一如の極位眼の前に尽きぬ。凡見及がたしと雖も仏智の恵光あに生仏の隔あらんや。汝等浅慮短智を以て法性の源淵を疑べからず。もししからば本分の八葉自然と開敷し、心中の阿字法雨と顕然す。易修易證の道、入峯の行に超たるはなし。誠にこれ事理倶密の法義、不二一心の妙行なり」と云へり。[28]

右の一文において、カッコで囲まれた部分は『秘決集』私用分第一通「灌頂啓白」からの引用である。[29]そこでは、修行の場である山中がそのまま仏の悟りの世界であるという理由で、山中での修行により仏と一体化することができる、と説く。乗因は、本来大峰山について説かれたこの主張を、戸隠山にも適用したのである。

さらに前後を見ると、乗因の主張がより明白になる。引用文の前段は、戸隠山の三神（奥院の手力雄命と九頭龍権現、中院の天思兼神、宝光院の表春命）の説明を行う中で、手力雄命の神体が鏡であることから天照大神との「同体」を説き、天照の本地とされる大日如来との深い関係を述べる。一方引用文の続きは、実際に山中で諸尊の来迎に遭うなどの戸隠山における奇瑞が示されている。こうした記述から、乗因が即伝編著に示された山中聖域観を受容した上で、戸隠山の神聖視を志向したことが理解されるのである。

乗因は、彦山修験から戸隠修験への継承を強く認識していた。それは歴史的経緯の側面にとどまらず、山中聖域観という即伝の思想の重要な部分にも及んでいた。山王神道流の天台仏教至上ではなく、修験の立場で山林修行を最重視する観念が乗因に見られることから、即伝の「修験一実」の概念が乗因に影響を及ぼしたことは十分考えられる。乗因の「山王一実」から「修験一実」への転換は、そうした山王神道から即伝流修験への立脚点の変化を示していたのではないだろうか。

おわりに

戸隠転住後の乗因は、当初は天海—宣祐—宣存—乗因という山王一実神道の系譜に自己を位置づけていたが、まもなく戸隠修験の継承者という意識を持つ。「修験一実」の主張は、その端的な現われと考えられる。それはまた、彦山流に淵源する本覚思想的性格の修験への志向をも示していた。そのことが持った同時代的意味について、最後に確認しておきたい。

近世天台教団は、中世天台の教理や儀軌などを否定する中で成立していった。本覚思想に基づく玄旨帰命壇が批判され[30]、最澄以来の戒律が変更を余儀なくされ[31]、種々の灌頂も一つの流派に一元化されていった[32]。そして、近世の天台宗本山となった寛永寺によって戸隠山は末寺に組み入れられ、そうした外圧に直面したのであった。戸隠社第四十九代別当の宗海が寛永寺から法曼流灌頂を導入するなど[33]、戸隠山は本寺寛永寺の支配下で活動方針を変化させていった。

乗因の活動は、そうした本寺の支配伸張に真っ向から対立する方向性を持っていた。その彼が、自らの立脚点を模索する中で出会ったのが即伝ではなかっただろうか。即伝の修験説は、各地域の修験がそれぞれ独自に活動していた中世の状況と適合しており、一元的本末関係を構築する近世天台宗の志向とは明らかに異なっていた。しかも、即伝の思想の中核も「一実」の語で示されていたのである。

天海と即伝に共通する「一実」の重視は、従来の天台宗（寛永寺教団や山王一実神道）への帰属意識に対し、〈戸隠修験の伝統〉というもう一つの選択肢を乗因に与え、最終的に乗因が寛永寺教団と対立するのを後押ししたのではないだろうか。そして、中世的修験と近世的修験の相違や対立が、ここに端的に現われていると考えてみたい。彦山修験から戸隠修験に伝えられた、本覚思想に基づく各地域の多元的本山という観念は、即伝から乗因への継承という形をとって、中世的修験の自己主張の最終段階を担ったと把握されるのである(34)。

註

(1) 即伝の事績や修験史上の位置については、佐々木哲哉「英彦山信仰の成立と展開」(中野幡能編『英彦山と九州の修験道』〈山岳宗教史研究叢書13〉名著出版、一九七七年、所収)、宮家準『修験道思想の研究』(春秋社、一九九九年増補決定版)八七頁以下、など参照。

(2) 特に九州への広がりについては、広瀬正利『英彦山信仰史の研究』(文献出版、一九九四年)一六八頁以下に詳しい。

(3) 牛山佳幸「戸隠顕光寺年表〔古代・中世〕」(『信州大学教育学部紀要』九八、一九九九年)は、宣澄殺害について応仁二年(一四六八)説を捨て、大永四年説をとる。筆者もそれに従う。

(4) 神道大系編纂会編/吉岡勲・西垣晴次校注『美濃・飛騨・信濃国』〈神道大系神社編二十四〉(一九八三年)四〇二・四〇四~四〇五頁、同編/曽根原理校注『戸隠』㈠〈続神道大系〉(二〇〇一年)二二〇~二二一頁。例えば後者の記述では、「……されば彦山座主は増誉・行尊などの法流を挹み玉いて智證の門葉なれば、彼の山より再び台密の玄奥を伝て両行者の緒を続ぐこと、宣澄大明神の功ここにおいて大なりとす。大越家即伝親書の峯中伝受灌頂の儀軌幷に三十三通の秘訣等、今現に神前にあり。その中において両界山峯中印信の一通ここに載す(印信省略)。これはこれ顕光寺三院衆徒伝授灌頂の證跡にて、学門行者より九百年来の戸隠山の大法なり。神前の年中行事は、上に誌す宣澄大明神の説の如し」とある。

(5) 註(1)宮家著作、一〇一五頁。なお、『修験三十三通記』の末尾に「三十三通の秘決、悉く授与して」云々とあり、同書は『修験修要秘決集』の元になった即伝自家薬籠中の書であるから同書三三通の可能性も皆無ではないと思われる。しかし、乗因が晩年に跋を加えたという『修験道正宗』奥書には、戸隠神社に「学門行者以来師資相承の修験道秘訣五十余通」が存在したという記事があることから(小林健三『日本神道史の研究』至文堂、一九三四年、二四六頁)、ここでは宮家説に従う。浅田正博「修験教義書に引用された口伝書の考察」(『大倉山論集』二七、一九九〇年)は『秘決集』の教義について、口伝の系統という側面から分析を試みている。

(6)　浅田正博『仏教からみた修験の世界』(国書刊行会、二〇〇〇年)二三頁以下、など参照。

(7)　『〈増補改訂〉日本大蔵経』九九・解題三(鈴木学術財団、一九七八年)三三三頁。

(8)　『〈増補改訂〉日本大蔵経』九四(鈴木学術財団、一九七七年)三四一頁(原漢文、以下同)。

(9)　同前、三五五頁。

(10)　同前、二四五頁。

(11)　本覚思想を扱った近年の研究成果としては、大久保良峻『天台教学と本覚思想』(法蔵館、一九九八年)などがある。修験と本覚思想の関係を指摘した早い例としては、田村芳朗「天台本覚論概説」(『天台本覚論』〈日本思想大系九〉岩波書店、一九七三年)がまず挙げられるが、なお本格的な研究の余地が残されている。

(12)　註(8)文献、二三九頁。

(13)　同前、二五〇～二五一頁。引用の『大論』(大智度論)・『八陽経』(天地八陽神呪経)ともに該当箇所見当たらず。前者は『勝天王般若波羅蜜経』(『大正新修大蔵経』八、七〇三頁a)などを典拠とする『法華玄義』巻第二上の記述(同三三、六九七頁a)を注釈した「無明癡犬逐名言塊、種智師子得理亡名」(『法華玄義釈籤』巻第五、同前、八四六頁a)が近いか。

(14) 同前、二九三〜二九四頁。

(15) 同前、二四六頁。

(16) 同前、二五四頁。

(17) 神道大系編纂会編／西垣晴次・小林一成校注『上野・下野国』〈神道大系神社編二十五〉(一九九二年)下野国一二一頁。

(18) 天海より前を「山王神道」、天海以後を「一実神道」と分けて呼称すべきことは、乗因が早くから唱え、田島徳音「山王神道と一実神道」(『大正大学学報』二七、一九三七年)などに継承され定着した。拙稿「東照宮祭祀と山王一実神道」(『国史学』一九〇、二〇〇六年)も参照。

(19) 『大正新修大蔵経』七六、五一五頁a(原漢文)。

(20) 神道大系編纂会編／田村芳朗・末木文美士校注『天台神道(下)』〈神道大系論説編四〉(一九九三年)三五四頁。

(21) 註(19)文献、五一〇頁b(原漢文)。

(22) 註(20)文献「解題」参照。

(23) 『戸隠』㈠〈続神道大系神社編〉(二〇〇一年)四一頁。なお、「道士」と自称している点が、道教に染まった異端教学の徒として、江戸時代から乗因批判の際に必ず取り上げられてきた。そうした点に関する私見は、拙稿「乗因の神道説の異端的性格」(菅原信海編『神仏習合思想の展開』汲古書院、一九九六年、本書第二章に収録)および註(4)『戸隠』㈠の「解題」に示した。

(24) 註(5)小林著作、二二六頁以下。なお註(23)一九九六年拙稿に、この点に関わる私見を示した。

(25) ただし、『秘決集』は元禄五年(一六九二)七月に刊行されている(註(7)文献、三二七頁参照)。乗因が戸隠転住前に同書に接した可能性は否定できないが、その場合でも由緒の地に赴任したことは一定の意識を喚起したと考えられる。

(26) 註(23)『戸隠』㈠、一〇三～一〇四頁。

(27) 同前、一一二～一一三頁。

(28) 同前、一九四～一九五頁。なお、筆者の翻刻した『戸隠山大権現縁起』について二澤久昭氏(元長野工業高等専門学校教授)より、別系統らしき写本(謄写版)の存在を含め懇切なご教示を頂いた。対校の成果を生かしご指摘頂いた点を含め、以下の通り訂正する(上から続神道大系本の頁・行・誤→正)。192・12・葦原→葦原ノ、193・10・□法金剛→持法金剛、193・12・實ノ鏡→寳ノ鏡、194・3・四大師之所以→四大師之所意、195・2・法雨→法爾、195・4・一揆之→一揆し、195・10・法雨→法爾、196・2・六七月→六七月間、196・4・梛ノ柏→梛ノ松、197・2・一一→一一ノ、198・8・悶絶酔《ビャウ》地→悶絶躃《ビャク》地、198・7・耎ノ□地→百尺ノ黄地、201・6・リニ→亟リニ、203・6・ステ→スラ、205・12・異□→異邦、206・6～7・護摩房→護摩処、207・13・御預→御願、209・4・寛伝→寛信、211・9・大チ→大千、214・7・採ヲ→採ラ、217・6・祭禮ナリ→祭禮ナリ(以下脱文)凡ソ柴燈トハ異朝ニテモ五岳ノ道士ノ修煉スル所ノ祭祀ナリ、219・11・三條源氏→三條源氏ノ、225・11・戸山→戸蔵山、225・13・仏ノ燈→仏ケ燈、226・4・(闔山のルビ)カツ→カウ、227・1・占ト→占卜、227・所疑→所㆑疑、229・12・宣㆒ハ→宣㆒者ハ、解題28・13・常楽／十一月廿日　四十七才寂　院ニ而取置→十一月廿日　四十七才寂　常楽院ニ而取置。このうち「梛ノ松」(196・4)は『上高井郡誌』(一九一四年)五九〇頁の盆踊唄を参考とした。

(29) 註(8)文献、二六四頁。なお、浅田正博「修験道における『柱源供養法』の思想基盤について」(北畠典生教授還暦記念論集刊行会編『日本の仏教と文化』永田文昌堂、一九九〇年)によると、諸本の中にはこの「啓白」の一部に相違があり、即身即仏を目標とする仏教的記述の系統と、「神霊」の働きを説く神道的記述の系統に分かれるという。『戸隠山大権現縁起』は仏教的記述の系統に属す。
(30) 拙稿「霊空光謙の玄旨帰命壇批判」(『歴史』七五、一九九〇年)参照。
(31) 拙稿「安楽律をめぐる論争」(『東北大学附属図書館研究年報』二四、一九九一年)参照。
(32) 註(23)一九九六年拙稿参照。
(33) 後世の史料ではあるが、万延二年(一八六一)に戸隠社別当が寛永寺に提出した「灌頂再興願」に、当時の認識として記されている。『長野県史』近世史料編　第七巻(三)北信地方(長野県史刊行会、一九八二年)八五七頁。
(34) 乗因自身には、一実神道を世俗性で把握するなどの点で、近世的要素も見られる(拙稿「山王一実神道の展開」『神道宗教』一四三、一九九一年、本書第一章に収録)。したがって乗因の立場からいうなら、中世的要素を生かし近世的思想に再編成したとなるだろう。

第四章　戸隠山別当乗因の弟子たち

一　『大岡忠相日記』に登場する乗因

乗因（一六八二〜一七三九）は、江戸時代中期の天台宗の僧である[1]。江戸の寛永寺の子院の住職をつとめたのち、享保十二年（一七二七）に信濃国戸隠山の別当（勧修院）に着任すると、天台宗伝統の山王一実神道に、新たに戸隠修験や、『先代旧事本紀大成経』由来の霊宗神道の要素を加えた「修験一実霊宗神道」を提唱し、近世初期以来の灌頂・衣体・法式などを私的に変更した。そのため衆徒の反発をうけ、本寺である寛永寺と鋭く対立した。さらに異常なことに、宗門内で決着がつかなかったため、政治権力が介入する事態となる。元文三年（一七三八）の年末、当時寺社奉行となっていた大岡忠相（一六七七〜一七五二）等に召喚されたため、乗因は江戸に出頭することになった。

【資料一】『大岡忠相日記』[2]十二月十八日条

戸隠別当観（勧ヵ、以下同）修院着候付、列席江呼出し詮儀有レ之所、心得違難レ立趣相聞候。御朱印八通・縁起一巻、正徳年中奉行ゟ渡置候書付一通取上ケ、観修院ハ先江戸宿江相帰ス。

十二月十八日に、乗因は江戸に到着した。大岡たちが寺社奉行所に呼び出し詮議を行ったところ、心得違いで認めがたい主張を行ったので、乗因が持参した証拠書類（朱印状その他）を提出させ、ひとまず江戸の宿泊先に帰した、と記される。その後、老中との打ち合わせが行われた。

【資料二】同前　十二月二十二日条

左近将監殿江戸隠別当観修院事、御門主支配無レ之由、呼ニ被レ遣候而も不二罷出一候、依レ之吟味之義被二仰聞一、私とも ゟ呼ニ遣罷越候間相尋候処、難レ立事共御座候。観修院ハ定家室ニ而候。右之通ニ候間、揚座敷江遣置、吟味之次第ハ追而可二申上一旨御届書上之。

筆頭老中の松平乗邑（「左近将監」）に対する大岡の説明によると、乗因は宗門の支配を認めず、寛永寺からの呼び出しにも応じないため寺社奉行から召喚することになったが、その主張するところは認めがたいので、揚座敷に入れ吟味を行うこととなったという（同日条に身柄を移した記述あり）。当初から、乗因の主張が通る余地はないことが明確な記述となっている。

【資料三】同前　十二月二十三日条

願王院来、観修院義とかく其通ニ者難レ被二差置一御門主思召候。今朝御発駕之節被二仰置一よろしく御頼被二思召一候由被レ仰候旨申聞候間、御口上之趣承知仕候。観修院事吟味之内、昨晩揚座敷江遣置候。段々吟味之上御仕置伺可レ申候。右ニ付戸隠之義、火之元等、殊ニ山中之事ニ候之間、異変抔有レ之候得者如何敷候之間、其元ゟ左様之義無レ之様ニ御申付可レ有レ之候。此旨可ニ申達一と今朝手紙越候処、被レ来候付申達之由申渡。且亦観修院方ゟ取上置候権現様ゟ代々御朱印八通・縁起一巻・論所裁許絵図弐枚、願王院江相渡、上野ニ可ニ差置一旨申達候。

五日後の記録には、寛永寺側との相談が記されている。当時、寛永寺の執当（輪王寺門跡の下で直接天台宗を支配する役僧）をつとめていた「願王院」（＝元光院正純）が来て、乗因の主張は認めがたいとの輪王寺門跡からの意向を大岡に伝えた。大岡からは、輪王寺門跡支配下の戸隠山において警戒態勢をとり、失火等の無いようにという指令が伝えられた。幕府側が、乗因の同調者たちが地元で騒乱を起こすことを警戒している様子が窺える。また、乗因が自説を主張するため持参した証拠書類が、寛永寺側に引き渡されている。

さらに五日後、今度は大岡から筆頭老中に対し連絡が送られた。

【資料四】同前　十二月二十八日条

左近将監殿江信州戸隠別当観修院御仕置伺書一通、執当方ゟ取寄候例書一通、幷観修院義未吟味相済不レ申前有レ之候得共、後住之義被ニ仰付一度門主思召候。此旨御内意御伺之書付執当差出候書付上之候所、観修院後住之事御門主思召次第可レ被レ成之由可ニ申達一由、此段承書上候様ニと先刻之書付御渡、即刻相認メ御直ニ上之。

大岡は筆頭老中に対し、「御仕置伺書」等を送付した。この時点で、乗因有罪の決定していることが窺える。さらに、「いまだ吟味あい済み申さざる前」であるけれど、戸隠山別当の後任選考の始まっていることも確認できる。

とりわけ一連の記述で注目したいのは、乗因の弟子の存在が記されていることである。

【資料五】同前

左近殿江申上候ハ、戸隠別当召連候弟子衆徒一両人幷別当家来も罷有候、此落着之義法中之義御門主ニ而可レ被二仰付一との御事ニ候。就レ夫、観修院御仕置不レ済前ニても可レ被二仰付一哉との御事御座候。其通可レ被レ成と可二申達一哉と申上候処、御勝手次第之事之由御挨拶ニ候。

ここには大岡の言として、乗因が「弟子衆徒一両人」などを召し連れていたことが記されている。彼らの扱いについて、乗因の「御仕置」前であっても、輪王寺門跡側で始末してよいと連絡したことを、大岡は筆頭老中に報告している。その返事は、同日中にもたらされた。

【資料六】同前

願王院呼寄、先達而御内意御伺被レ成候観修院後住之義、御門主思召次第ニ可レ被レ遊之由、左近殿被レ仰候間可二申上一候。且観修院弟子衆徒家来之義も左近殿承合候処、是又思召次第之御事之由候間左様可二心得一之由申達候処、願王院申候ハ、弟子衆徒等落着之義追払ニ申付候とも今晩ハ難レ成、明日も其通ニ候得者先江戸宿ニさし置可レ申由申候ニ付て、観修院落着被二仰付一候茂来正月廿日前後ニも可レ有レ之候。当年者余日無レ之候、其内江戸宿ニ可二差置一旨申達候。

すでに大岡から寛永寺執当（願王院）に、乗因の「弟子衆徒」の扱いについて公儀（大岡と筆頭老中の松平乗邑）は寛永寺に一任すると告げられた。それに対し執当から、弟子たちを当面は江戸に置き、年明け二十日頃に「落着」したところで「追払」予定であるとの回答が寄せられた。年末であることもあり、時間をおいて執行することになったのであろう。

翌日、後任の戸隠山別当[3]についても、輪王寺門跡側から連絡が来ている。

【資料七】　同前　十二月二十九日条

左近将監殿江執当差出候戸隠別当後住被㆓仰付㆒候書付一通、例書壱通相添封、順阿弥を以上㆑之。其後被㆓仰聞㆒候之ハ、御門主思召次第可㆑被㆑成旨可㆓申達㆒由被㆓仰聞㆒、承書致、順阿弥以上㆑之。

差し出された後任の書付について、筆頭老中は「御門主（輪王寺門跡）思し召し次第」と回答した。そこで大岡は、執当を呼び出し、その旨を伝えた。

【資料八】　同前

願王院呼寄、戸隠別当後住之義御門主思召次第可㆑被㆓仰付㆒旨可㆓申達㆒之由、左近殿被㆓仰聞㆒候間、可㆑被㆓申上㆒旨申達。

こうして年内に、乗因の失脚が決定した。『大岡忠相日記』の翌年分が現存しないため、その後の詳細は不明である。しかし、『顕光寺歴代譜』には、「その科により豆州三宅嶋配流、翌年未九月出船、中流豆州大嶋、十二月二十九日死去之由」とあり、[4] 乗因は流刑となって翌年死去したと思われる。

乗因の思想については、すでに少なくない研究が公となっているが、なお解明すべきことは多い。さらに、乗因の活動については、徳川公儀に処罰され記録類も処分されたため、多くの謎が残されている。今回は特に、彼の教団や弟子たちの動向について検討を試みたい。

二　『金剛幢』にみえる弟子たちの痕跡

江戸に召還された乗因には、「弟子衆徒一両人」が同行していた（資料五）。こうした弟子たちが何者であるか、『中社日記』が焼失した現在は、手がかりは殆ど残されていないようである。数少ない材料の中の有力情報として、ここでは乗因晩年の著書『金剛幢』に注目してみたい。[5] 同書は元文二年（一七三七）の乗因の序文を持ち、下巻は翌年正月に清書され、乗因最晩年の定説といえる。記述は「五義を明す」として、「一に灌頂」「二に三摩耶」「三に胎蔵界の八葉大蓮華、金剛界の三十七尊摩訶毘盧遮那如来」「四に円壇曼荼羅」「五に金剛薩埵」の説明を行うなど、基本的には天台密教の書である。また、「七仏通戒偈」以下の偈頌の解釈なども行われている。同書に窺える乗因教団の手がかりとして、次のようなことが挙げられるだろう。

（一）乗因をはじめ、筆録・点検などにあたっている関係者が阿知姓を名乗り、「乗」字を使用する者も多い。序文の「阿知乗因序」の表記に始まり、各巻末には弟子たちの所属や名が見える。そもそも『金剛幢』自体、巻ごとに筆写・校閲の体制が窺える点に、他の乗因の著書と異なり、教団の手になることを思わせる。

（二）下巻末に、「天台円頓仏性戒相承血脈譜」（釈迦～天台大師～伝教大師～天海）、「戸隠別当血脈系図譜」（天祖天譲日天狭霧国禅日《月カ》国狭霧尊～天思兼命～学門行者～宣清―乗因―宣静）の二系統の系譜を掲げ、ともに乗因に至ることを示している。

（三）二つの系譜に続き、「金剛幢の後に書す」として跋文を載せ、「戸隠別当嗣位富岡院阿知宣静謹書」と記されている。

以下、より詳しく説明する。まず（一）に関し、各巻ごとの奥書を挙げると次のようである。

【資料九】『金剛幢』上巻奥書

信濃国水内郡戸隠神社者、顕光寺流伝受灌頂之三昧耶戒壇・胎金両部習合神道之本山也。今蒙本社別当職一実道士之尊命、書写金剛幢上巻者也。

筆者　　阿闍黎妙観院阿知舜祐

点閲　　金剛士新三位阿知乗順

元文二年十一月冬至日

【資料一〇】同中巻

信濃国水内郡戸隠神社者、顕光寺流伝受灌頂之三昧耶戒壇・胎金両部習合神道之本山也。今蒙本社別当職一実道士之尊命、書写金剛幢中巻者也。

筆受　　　　　阿闍梨東泉院阿知宣順
筆受　　　　　金剛士岩殿寺阿知宣応
筆者幷点閲　　金剛士常祇院阿知乗覬
　　　　　　　金剛士右弁阿知乗尭
元文三年正月甲寅日

【資料一一】同下巻
信濃国水内郡戸隠神社者、顕光寺流伝受灌頂之三昧耶戒壇・胎金両部習合神道之本山也。今蒙本社別当職一実道士之尊命、書写金剛幢中巻者也。
筆受　　　　　阿闍梨安住院阿知晁倚
筆受　　　　　金剛士自在院阿知祐寛
筆受　　　　　金剛士松善院阿知乗宗
筆者幷点閲　　金剛士大弐阿知智昶
　　　　　　　金剛士帥阿知乗欣
元文三年正月甲寅日

各巻奥書に見える寺院名のうち、妙観院・東泉院・常祇院・安住院は代々奥院の衆徒、自在院と松善院(6)は中院の衆徒、岩殿寺は勧修院の末寺であった。そうした寺院が、乗因の配下に組み込まれ、修験化して阿知姓を名乗っていたことが考えられる。(7) 寺院名以外の呼称のうち、「阿闍黎」は密教の高僧をさす「阿闍梨」であろう。「金剛士」は、「一実道士」と同様に道教的な呼称か。「新三位」「右弁」「大弐」「帥」などは、公名で呼ばれていることから住職就任前の僧侶と思われる。

次に(二)について。乗因が、天海の法曾孫として天台宗の正統を継承していると意識し、一方で戸隠修験の継承者としての意識も強く、両系統を結合させていた点については、以前論じたことがある。(8) ここにも、そうした意識が現れているといえよう。

最後に(三)について。跋文を見るなら、彼ら一統の中でも乗因に次ぐ地位に、宣静という人物のいたことが確認される。(9)

【資料一二】『金剛幢』跋文

大ナルカナ哉仏之為レ教也、無二ク処トシテ而不一レルコト到、無二時トシテ而不一レ然ラ。上自二天子一至二マテ士庶人一ニ、未二タ始ヨリ不一レンハアラ依レ此ニ也。其ノ目有レ二、曰顕、曰密。三蔵聖教雖レ不レト堪二ヘ其多一、亦無レ非下ルコト皆摂二シテ顕密ノ二教一ニ済中度スルニ衆生上ヲ。若二キハ其顕教一ノ、乃チ展転相付シテ、而至二テ于師(獅カ)子一ニ方ニ便チ絶ス焉。『摩訶止観』ニ所レ謂今師ノ祖承ト者、則チ霊山ニ親ク承ケ、大蘇ニ妙悟シ、師資接キ稟テ、而至二テ荊渓一ニ昭トシテ如二日星一ノ。当二テ是之時一ニ吾朝有二テ伝教大師一、出テテ而遠ク入二テ李唐一ニ始テ伝二フ台教一ヲ。而シテ慈覚大師、又尋テ求二ム瑜伽金剛乗一ヲ。於レ是ニ如来之正教大ニ行二ハレ于神国一ニ、至二テ於我カ慈眼大師一ニ中興一新ス。若夫震旦之伝灯ハ、則及二五季節之衰一ルニ教迹流散シテ遂ニ紊二ル其緒一ヲ。印度・支那之所レニシテ失二フ其伝一ヲ、而独リ存二スル乎今時一ニ者ハ則豈ニ非二ヤ神国之光輝一ニ乎。若二ハ此ノ書一ノ則実ニ所レ謂群霊之眼目、昏衢之宝炬ナル者ナリ矣。

元文二年七月二十一日
戸隠別当嗣位富岡院阿知宣静謹書

宣静を住持とする「富岡院」とは中院の別称であり、戸隠一山別当である勧修院の後継者にふさわしい。彼に関する情報は乏しいが、跋文の内容から考えるなら、そこでは天台大師や最澄を経て天海に至る天台仏教の流れを宣揚し、同時に「印度・支那のその伝を失ふところにして、独り今時に存するは則ち豈に神国の光輝に非ずや」とも述べ、神国日本こそが仏教のもっとも盛んな地であることを主張していることが確認できる。この主張は、天海の思想を継承するものでもある。(10)

乗因の教団の実態解明については、なお調査が必要である。宣静の人物像については、乗因失脚後の動向も含め全く情報を欠く状態である。一方で、乗因の配下となった衆徒は、地元戸隠山出身で乗因に同調したのか、それとも乗因の戸隠別当就任にともない寛永寺から入山し由緒ある寺院に入ったのかについて、多少の手がかりが得られた。次にその点を検討する。

三　古文書にみる衆徒たちの動向

戸隠山の衆徒たちの動向、特に別当乗因との関係を考える際に興味深いのは、乗因が江戸に召喚される前の段階の行動である。先行研究によって知られているように(11)、その年の九月に一山衆徒による乗因排斥運動が起こっているが、そこには大勢に反し別当側に加担した衆徒の存在も確認できる。

【資料一三】奥院衆徒共有文書八〇三号

乍レ恐口上書を以三院衆徒一同奉二願上一候事

……然処、当御別当御住職已来今年迄十ケ年之間、古来之法式及二断絶一、新規之御制条御取行、殊更神前之法楽・朝暮之勤行不レ残道徳経・五輪観杯と申候法式被二申付一、何ニ而茂出家如法之行相者曾而無レ之候。勿論入講・灌頂等相勤、山門大会竪儀勤候儀可レ為二無用一旨急度御停止、其上着用之袈裟衣茂御別当を始半俗同前ニ罷成、全体他宗別山之ありさまニ成り果候。併厳重之御住職、殊本坊と申大守之御意ニ御座候得者、今年迄多年之間被二仰付一次第相勤候得共、平生之御政道御非道之儀共数多ニ而五十三坊及二難儀一候。辺土愚盲之者共少之不調法ニ而茂莫大成御科被二仰付一候。衆徒仲ケ間御住職十ケ年之間寺院被二召上一、或隠居被二仰付一、逼塞・閉門被二仰付一候等ニ而多人十方を失ひ、離山翔落之者数々御座候。大勢之者共一昼夜茂安心無レ之候。一山勤方諸事准二御制条一年中行事を以相勤来候処、右之仕合言語道断可二申上一様茂無レ之候。殊更任二先例一ニ御当職御祝儀惣代を以申上度

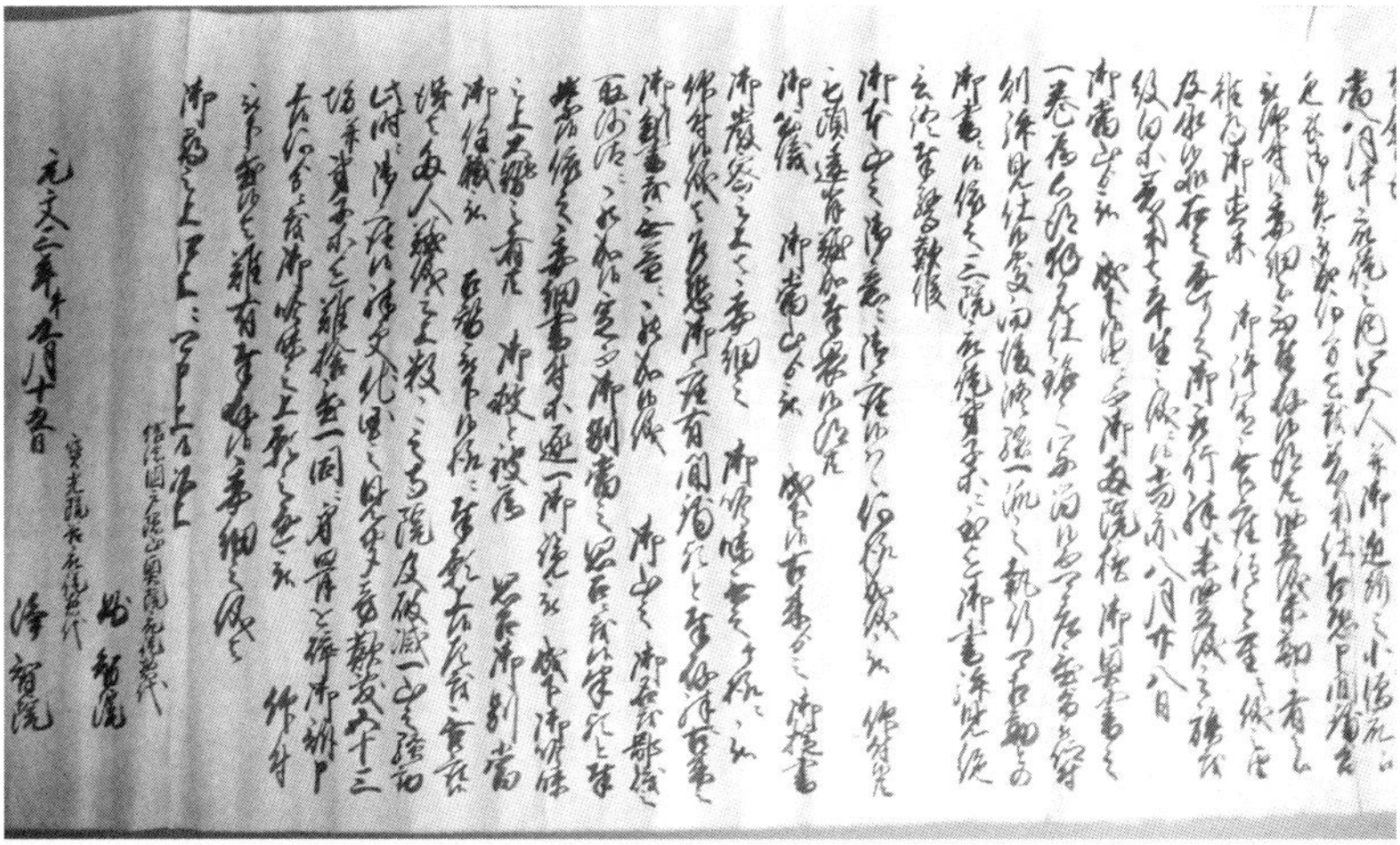

【資料13】奥院衆徒共有文書803号（部分）

再三奉二願上一候得共、決而不二罷成一旨被二仰付一指控罷有候。且亦当八月中衆徒之内四五人并御近所之小僧衆江色衣御免被レ成、何方迄茂着用仕相恐申間鋪旨被二仰付一候。委細者不レ奉レ存候得共、竪儀未勤之者者雖レ為二御直末一御許宥無二御座一程之重キ儀之由及レ承候処、右之通り之御取行、殊ニ未竪儀之族茂紋白等着用者平生之儀ニ候。尚亦八月廿八日、御当山ヨリ被二成下一候由ニ而、御両院様御奥書之一巻為二心得一拝見仕、銘々写留候而可二差置一旨被二仰付一則拝見仕候処、向後修験一派之執行可二相勤一との御書ニ候。依レ之三院衆徒・弟子等ニ至迄御書拝見、絶二言語一奉二驚嘆一候。……

元文三年午九月十九日

信濃国戸隠山　奥院衆徒惣代　妙智院
宝光院谷衆徒惣代　浄智院
中院衆徒惣代　本智院

覚王院法印様
願王院法印様
御玄関衆中

資料一三は、戸隠山の三院（奥院・中院・宝光院）の代表計三名から、寛永寺の実務責任者である執当二名（覚王院良然と前出の願王院）に出された嘆願書で、乗因の非法を訴え別当交替を願い出るものである。ここには明確に、衆徒たちの中にも、乗因に同調する者のいたことが記されている。すなわち「当八月中、衆徒の内四、五人ならびに御近所の小僧衆へ色衣御免成られ、何方までも着用仕り、あい恐れ申すまじき旨仰せ付けられ候」と、乗因の恣意的な指令

（色衣着用）に従った衆徒の存在が示されているのである。では、この「四、五名」とは誰であったのだろうか。

ここで思い起こしたいのは、『金剛幢』の記事である（資料九〜一一）。そこには元文二年（一七三七）十一月から同三年正月の時点で、乗因の教えに従い教団を支えた衆徒として妙観院・東泉院・常祇院・安住院（以上奥院）、自在院・松善院（中院）、岩殿寺の七名の僧侶名が記されていた。そして以下述べるように、二つの文書から彼らの動向が確認できるのである。

【資料一四】同一〇一六号

一札之事

一去月廿八日ニ御本坊ゟ御渡リ被レ遊候御書付之一巻拝見仕、三院相寄遂二相談一、一院ゟ壱人宛東叡山江惣代遣筈ニ相定申候。依レ之在寺之者者致二印形一、他出之者者帰次第ニ致二印形一候様ニ申合置候。右願之趣得心之方ハ印形可レ被レ成候。不心ニ被レ思候方者心次第ニ可レ被レ成候。不レ依二何事一御仲ケ間一同可レ被レ成候上者、万端之儀ニ付御仲ケ間之御相談向ニ少茂相背申間敷候。為二後日一仍而一札如レ件。

常楽院（印）
仏性院（印）

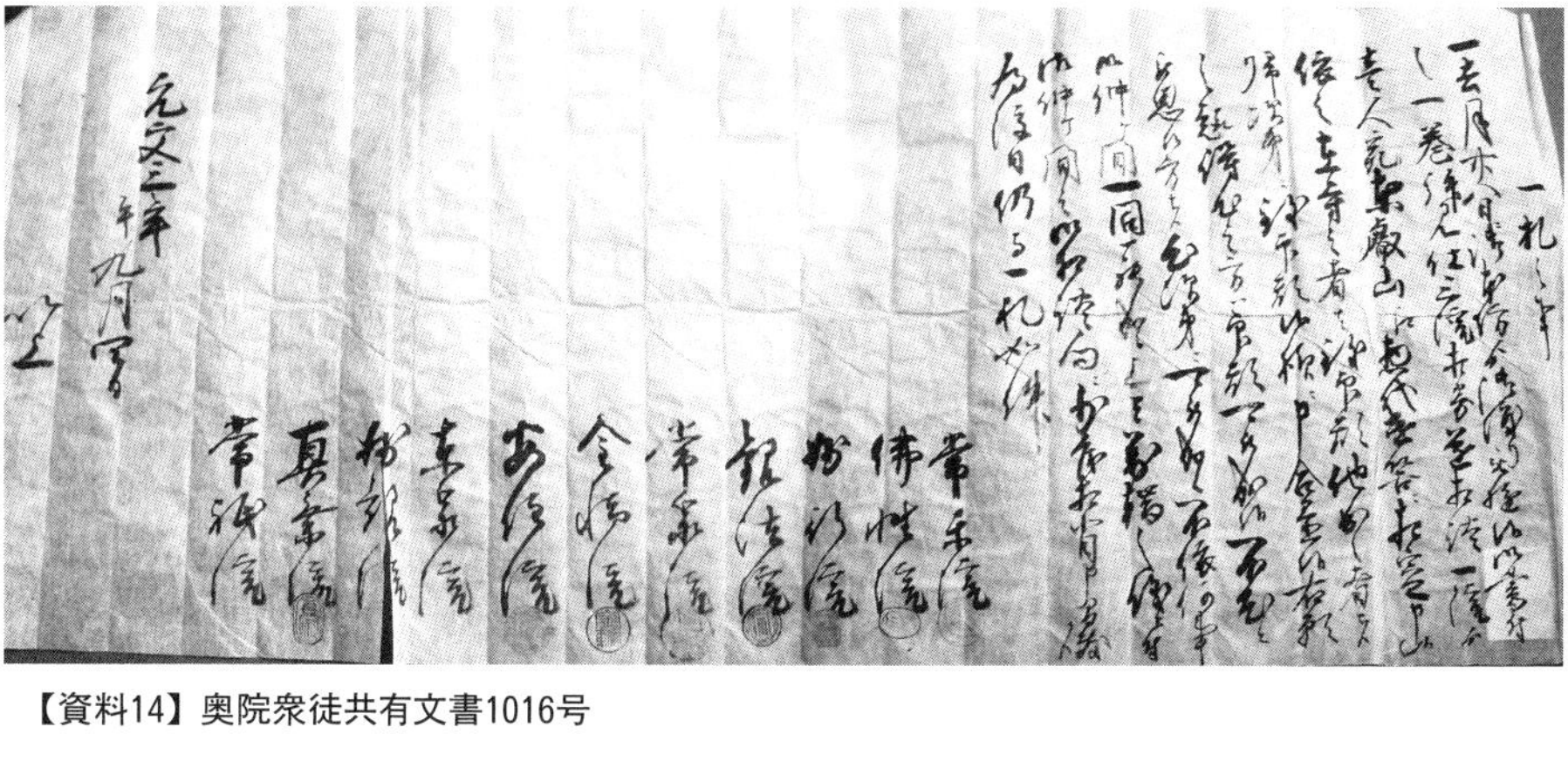

【資料14】奥院衆徒共有文書1016号

妙行院(印)
観法院(印)
常泉院(印)
金輪院(印)
安住院(印)
東泉院
妙観院
真乗院(印)
常祇院

元文三年午ノ九月四日
以上

資料一四は、資料一三の半月前に、奥院衆徒の間で取り交わされた文書である。そこでは、東叡山寛永寺に戸隠山の三院から代表を一名ずつ送ることを申し合わせたので(乗因の路線には従えないということであろう)、賛成の者は印を押し提出して欲しいが、得心がいかない者は心次第にするように、と記されている。宛先を欠くが以上の内容から見て、資料一三で奥院の代表となっている妙智院に宛てられていると思われる。注目したいのは、奥院衆徒の中で捺印している者もいるが、そうでない者も見える点である。

元文二年正月頃に乗因の教団に加担していた奥院衆徒のうち、妙観院・東泉院・常祇院は、この文書でも捺印していない。一方、安住院は捺印していることから、九箇月の間に反別当側に回ったことが確認できる。

中院衆徒についても、動向を知ることのできる史料が見つかっている。

【資料一五】同一〇一三号

指出申一札之事

一先御別当乗因様企二異法一被レ遊候ニ付、六七年以前ゟ三院衆徒御訴訟申上度旨一ニ申合、別而去ル辰之年一山一統ニ御訴訟可二申上一段相互ニ慥ニ申定候処ニ、右之通リ三院衆徒中与隔心仕、乗因様江御随身仕御訴訟ニ相除、依レ之多舌無調法之段申披無二御座一候処ニ而、御隠居頼入御侘仕仲間和融被レ成可レ被レ下之旨御聞届被レ下候段、何も忝奉レ存候。向後一院切申不レ及三院一同何ニ而も相背申間敷候。為二後日一一札如レ件。

元文四年未ノ五月朔日

宝珠院　印

自在院　印

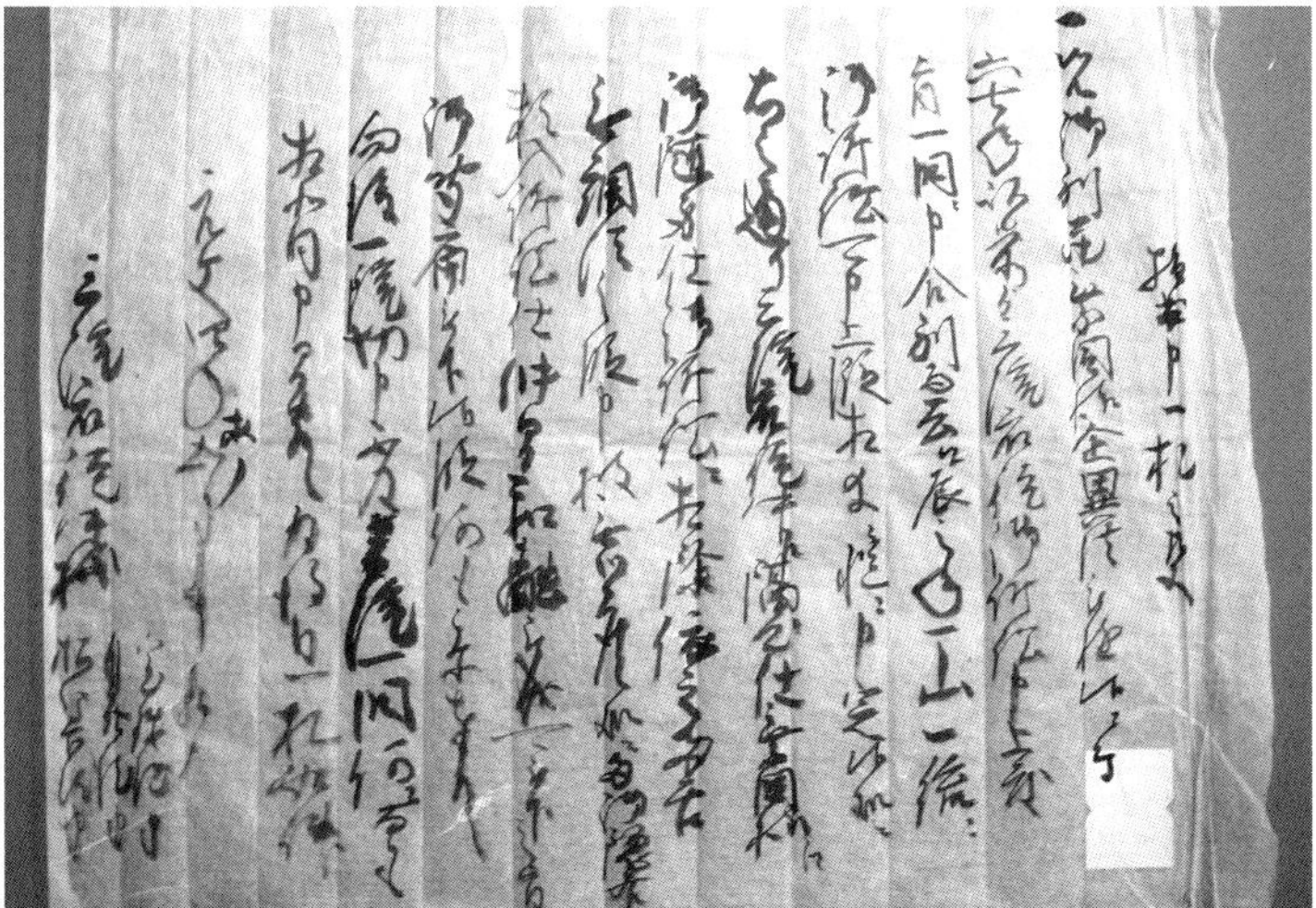

【資料15】奥院衆徒共有文書1013号

松善院　印

三院衆徒中様

資料一五は、乗因が処罰された数箇月後、中院衆徒の三名が入れた詫び状である。「一山一統」が乗因に反発し訴訟を企てた際に、一同に「隔心」し乗因に「随身」したことを悔いている内容である。今後は中院「一院」は申すに及ばず「三院一同」に背かないという文言があり、それで中院だけでなく奥院にも提出され保存されたと推測できる。差出人として名の見える三名のうち、自在院と松善院の両名が乗因に加担していたことは資料一一から判明していたが、中院からはさらに、宝珠院も同様であったことが確認できるのである。[12]

資料一四・一五から、乗因の教団に加わっていた者として、戸隠三院衆徒のうち六名が確認できた。一方、他の奥院・中院の衆徒は、元文三年九月時点では乗因と対立していたことも確認できたのである。

彼らが、他の衆徒と異なり乗因に同調したのは、寛永寺から付き従ってきた子飼いの部下だったからだろうか。それとも、もともと戸隠山の衆徒であり、乗因の配下となるのを選び取ったということなのだろうか。彼らの出自を調べることで、その点を考えてみたい。

天保十二年(一八四一)の成立である『本坊並三院衆徒分限帳』は、旧別当家である「久山家所蔵」で、「江戸寺社奉行に書上たる原本をそのままに筆写謄写せるもの」である。[13]そこには三院衆徒それぞれの寺領、堂社、什物、由緒などに加えて、歴代住持の簡略な事績等が記されている。奥院衆徒のうち安住院・東泉院・妙観院・成就院(=常祇坊)の歴代に関しては、次のような記述がある。

【資料一六】『本坊並三院衆徒分限帳』より

（安住院）
八世　慶賀　享保四年八月廿八日病死仕候、右同断（筆者注：住職之年月相知不申候）
九世　栄寛　住職並病死之年月等相知不申候
十世　晁偆　宝暦十一年十一月住職、病気年月相知不申候
（東泉院）
四世　尊順　享保六年四月三日病死仕候、右同断（筆者注：住職年月相知不申候）
五世　智伝　享保十九年五月十八日病死仕候、右同断
六世　宣順　元文四年四月廿一日病死仕候、右同断
（妙観院）
四世　祐嵩　正徳五年二月朔病死仕候、右同断（筆者注：住職年月相知不申候）
五世　舜祐　宝暦五年十二月廿八日病死仕候、右同断
（成就院）
三世　知慶　享保三年六月八日病死仕候、右同断（筆者注：住職年月相知不申候）
四世　順慶　享保十三年三月十日病死仕候、右同断
五世　宣応　享保十三年三月住職仕候、元文二年十二月岩殿寺へ移転仕
六世　乗顗　元文三年正月住職仕候、元文四年正月廿七日病死仕候

資料一六を見ると、乗因が戸隠山に赴任した享保十二年(一七二七)の時点で、安住院栄寛・東泉院智伝・妙観院舜祐・成就院順慶はいずれも数年前から在任していると思われる。乗因が寛永寺から弟子を伴ってきて、衆徒に組み込んだということではないようである。その後、安住院・東泉院と成就院は代替わりがあり、あるいは人事に乗因の意向を反映する余地があったかもしれないが、確認はできない。成就院については、五世を継いだ宣応が、その後岩殿寺に転任している。資料一〇に見える「岩殿寺阿知宣応」は彼であろう。[14]

岩殿寺宣応と中院の自在院祐寛については不明だが、奥院の四名についてはその後の動向も追うことができる。安住院晁偆は前述のように転向し(資料一四)、妙観院舜祐は元文四年に乗因が処罰された際に詫びを入れた結果、衆徒としての地位が保たれたようである。一方、成就院乗顗と東泉院宣順が元文四年の前半に病死しているのは、どう考えるべきか迷われる。しかしながら、妙観院の処置を参考に現時点では、処罰を「病死」として糊塗したというよりは、実際に心労等で死去に到ったものと考えておきたい。[15]

以上のように、乗因が戸隠山別当だった時代に、最後まで従った衆徒が六名いたことが確認できる(他に末寺僧一名=岩殿寺宣応も)。大岡の日記に見られたのは、彼らの中のいずれかであろう。彼らの大半は乗因処罰の後、他の衆徒に詫びを入れて一山に復帰した。個人的な点はともかく、乗因への加担によって断絶に到った院家は無かったことが、確認できたのである。

おわりに

別当乗因の弟子たちは、乗因が処罰をうけ遠島になった後は、一山に復帰を果たした。乗因に関する資料は焼却され[16]、彼の痕跡は跡形もなく消えうせたように見えた。しかし、思わぬ形で影響の及んだと思われる事例について、最後に紹介したい。

戸隠山から新潟県域に向かっていくと、黒姫山を経て、妙高山に到る。戸隠とは反対側の麓の関山権現社は、歴史的に妙高山信仰や妙高山修験に深い関わりを持っていた。関山の祭礼の中心は「棒つかい」と「柱松」であり、それを担ってきたのが「仮山伏」と呼ばれる人々である。関山社別当である宝蔵院主の後裔に伝わる日記には、この祭礼は本来は戸隠山の修験者たちを招いて行っていたことが記されている。すなわち正徳二年（一七一二）六月十五日条に「先例の如く戸隠より衆僧六人来り、迎馬六疋柏原まで、昼食等遣はさせ候なり」などとある[17]。そうした戸隠との深い関係は、天海の弟子である俊海が、戸隠山別当退任後に宝蔵院院主となって関山権現を再興した歴史に基づいていた。ところが、享保年間の末頃から、戸隠山からの修験者派遣が絶えたため、関山村の氏子中から山伏役を務める形となり、「仮山伏」の名称で呼ばれるようになった。

こうした経緯について鈴木昭英氏は、「何らかの事情があって、戸隠から専門の山伏が来なくなって、致し方なく百姓のうちから俄かづくりの山伏役を仕立て、祭礼に奉仕させた」と推測している[18]。筆者もその推測に賛成である。さらに「何らかの事情」に当たるのは時期的に、乗因に対する衆徒の罷免要求運動以外は考え難い。戸隠の混乱によって、関山の祭礼行事は村民の手に担われることになり、独自の発展を遂げたのであろう。

乗因をめぐる戸隠山の混乱は、すでに知られていることも多い。しかしながら、より詳しく知ろうとすれば、分からないことも少なくない。さらに新たな事実を解明していくことで、周辺への影響に気づかされることもあるようだ。地域の歴史は、他から隔絶したものではないことを肝に銘じ、なお調査を続けていきたいと思う。

註

（1）乗因に関する資料や研究史については、神道大系編纂会編・曽根原理校注『戸隠』㈠・㈡〈続神道大系神社編〉（神道大系編纂会、二〇〇一年）参照。最近、海外の研究者にも注目されている様子は、William M. Bodiford “Matara：A Dream King Between Insight and Imagination”, Cahiers d'Extrême-Asie, 16, (2009)を参照。

（2）大岡家文書刊行会編『大岡越前守忠相日記』上巻（三一書房、一九七二年）三六四頁以下。本資料に乗因関連記述が存在することは、二〇〇六年に赤澤久弥氏（現京都大学附属図書館）にご教示頂いた。改めて感謝申し上げる。

（3）「東叡山寛永寺子院歴代主僧記」によると、乗因の後任となったのは周順（出身地未詳）で、元文四年（一七三九）正月に寛永寺福聚院から戸隠山別当に転じ、寛保元年（一七四一）八月に在任のまま逝去し（六十九歳）、戸隠山の墓所に葬られた（註（1）『戸隠』㈡、一四〇・一八七頁）。

（4）戸隠神社宮司久山淑人旧蔵書。昭和十七年の火災で焼失したため、小林健三「戸隠山修験一実霊宗神道に就て」（『明治聖徳記念学会紀要』三九、一九三三年）所引の記事による。小林氏はその後、「近世仏教神道と日本精神」（同前四一、一九三四年）で「信濃国戸隠山霊宗神道血脈図」が正しい書名であるとし、上記両論文をもとに著された『日本神道史の研究』（至文堂、一九三四年）でもそれを踏襲している。乗因の流刑の地については、僧慈『祭天開覆章』の記述「法親王の命に忤ふに、八丈島に流さる」のように、八丈島とする説もある（『天台宗全書』一二、第一書房、一九七三年、三六一頁、原漢文)。
(5) 註(1)『戸隠』㈠所収(底本は龍谷大学図書館所蔵写本)。
(6) 戸隠三院の中に「松善院」は無い。中院に「摂善院」はあるが、歴代住職の名に「乗宗」は見えず、中院の他の院家にもその名は見えない(『本坊並三院衆徒分限帳』による、註(13)参照)。しかしながら、資料一五から、中院の衆徒と判断せざるを得ない。
(7) 『先代旧事本紀』に「高皇産霊尊児天思兼命、天降信濃国阿知・忌部等祖」とあり、乗因撰『戸隠山大権現縁起』において阿知氏は、祝部氏と共に天思兼命＝戸隠中院権現の子孫として重視されている。
(8) 拙稿「乗因の神道説の異端的性格」(菅原信海編『神仏習合思想の展開』汲古書院、一九九六年、本書第一章に収録)。
(9) 『金剛幢』巻末の「戸隠別当血脈系図譜」も、最後は「乗因―宣静」となっている。
(10) 拙稿「徳川家康年忌行事にあらわれた神国意識」(『日本史研究』五一〇、二〇〇五年)一〇七頁。
(11) 資料一三は『長野県史　近世資料編』第七巻(一)北信地方(一九八一年)七八二～七八三頁に翻刻されている。同資料を活用し、信濃毎日新聞社戸隠総合学術調査実行委員会編『戸隠―総合学術調査報告』(信濃毎日新聞社、一九七一年)四六頁などの記述がある。なお奥院をはじめ中院・宝光院の衆徒共有文書については、信濃毎日新聞社・戸隠総合学術調査会編『戸隠山史料目録』(信濃毎日新聞社、一九六三年)で確認できる。
(12) 乗因の処罰について、註(4)小林一九三三年論文では「十二月九日寺社御奉行召帖、同月十一日出府、同二十二日於大岡越前守宅御門主御下知違背」とする。大岡の日記と必ずしも一致しないようだが、ここでは指摘にとどめる。
(13) 翻刻は、信濃史料刊行会編・刊『新編　信濃史料叢書』一四(一九七六年)による。ただし、同書成立に関わる記述を欠くため、関連する部分を信濃毎日新聞社編『戸隠の総合学術調査資料』(一九六四年)により補う。

(14) 資料一六だけでは、栄寛から晃春への代替わりが乗因失脚の前か後か確定できないが、資料一一から乗因の時代にすでに代替わりしていることが確認できる。
(15) 自在院はその後転出したため、『本坊並三院衆徒分限帳』には他の衆徒のような詳細な記述を欠く。
(16) 久山家文書(昭和十七年焼失)に基づき、註(4)小林一九三三年論文に記されている。
(17) 妙高市教育委員会編『宝蔵院日記』一(妙高市、二〇〇八年)三頁。
(18) 鈴木昭英「関山権現の祭礼と妙高山参り」(『第29回日本山岳修験学会妙高学術大会資料集』二〇〇八年、後に『山岳修験』四四、二〇〇九年に収録)。なお「仮山伏」の発生について、由谷裕哉「一八世紀における宝蔵院祭礼に関わった宗教者について」は従来の説の見直しを図っている(前掲『山岳修験』四四、八一~八二頁)。

第五章　乗因と霊空

はじめに

摩多羅神について知る人は少ない。理由はその姿の異様さ――歌い舞う様を造形――や欲望肯定という性格、さらに寺院の奥深くに秘蔵され一般に公開されなかった事情、そして何より、近世に入り玄旨帰命壇(後述)が弾圧されたのに伴い邪神視されたらしいことに求められる。一部の好事家たちの興味をひくことこそあれ、研究者が正当な評価を試みることは稀であったといえる。

しかしながら何人かの先学の努力[1]により、摩多羅神は徐々に姿を現した。中世に天台系寺院の常行堂に祀られたこと、出自不明ながら日本独特の神らしいこと、口伝法門の一派――恵光房流――の人々が中心となって教義づけが行われたこと、等々。そして、特に恵光房流の玄旨帰命壇という儀礼――摩多羅神を本尊とする――の解明により、念仏守護神、福神、障礙神、祟り神、芸能神……等の摩多羅神の属性が明らかにされてきたのである。

以上のような研究蓄積はあるものの、しかし、なお殆ど触れられていない分野がある。それは、近世の摩多羅神信仰である。従来の研究史は主に中世を扱い、近世については〈弾圧され衰微した〉と済ませるのが普通である[2]。だが近世は、摩多羅神信仰と国家の関係が、ある意味では最も強まった時期でもあったのである。近世初頭に徳川家康の

摩多羅神図（大雲院所蔵）

神格化を推進し、幕府最高の宗教権威である東照権現の司祭者となった天海（一五三六〜一六四三）は、日光に家康を祀るに当たり山王権現と共に摩多羅神を並祀した。(3) その理由について、寛永年間に天海を中心に制作された『東照社縁起』は次のように記す。

御遺告云、「予有㆓思事㆒、不㆑移㆓日光山㆒前可㆑置㆓先《ツ》久野㆒、」云々謹案㆑之、「有㆓思事《トハ》㆒」聞㆓別事㆒、久野称㆓補陀洛山㆒守護神摩多羅神也、而日光山奥院亦同名同神也、是亦兼而無㆓御存（知脱カ）㆒不思議出合也、云々(4)

家康（予）が遺言で、日光に葬る前に久能山に葬ることを命じた、久能に葬る理由は、日光も久能も共に守護神が摩多羅であることを見通されていたかららしい、と述べられている。ここには、天海が摩多羅神の存在に通じていて、日光の守護神に措定した様子が窺える。(5) 実際、後に天海の法嗣が主宰する寛永寺では、東照権現の他に山王と摩多羅を加えた「東照三所権現」の語で、徳川家守護神が体系化されたのである。

このように近世の始まりと共に、摩多羅神は徳川家の守護神の扱いを受けるに到った。もし何事も無ければその状態が続いたであろう。ところが、元禄期に一波瀾が起こる。すなわち、霊空光謙（一六五二〜一七三九）による玄旨帰命壇批判と、その後の安楽騒動である。

この事件については以前論じたことがあり詳細はそちらに譲るが、[6]要するに、元禄期以降の天台教団の中に安楽律を唱える主流派が形成され、彼らと従来の教学を奉ずる者との間に〈正統と異端〉とでも称すべき教学対立が生じたのである。そして霊空を中心とする正統派が最も激しく攻撃した伝統教学が、玄旨帰命壇であった。本章との関わりでいえば、玄旨帰命壇の本尊である摩多羅神も、邪神視されるに到るのは必至である。さらに、最終的に将軍の判断によって決着がうたれたように、玄旨帰命壇が当時の幕府まで巻きこんだ、いわば近世国家にとってあるべき宗教を探る対立の中で権力側から否定された儀礼であったとするならば、本尊の摩多羅神も、この時点で幕府の守護神の座を退くことになると予想されるのである。

果たして実際はどうであったのか。まず、安楽騒動における摩多羅神の関わりから見ていきたい。

一　『東叡山縁起』の「朱引」

国立公文書館内閣文庫に、『東叡山縁起』と題する一冊の写本がある。内容は東叡山寛永寺の諸堂舎の説明で、記述は『東叡山諸堂建立記』（『大日本仏教全書』所収）にほぼ一致するのだが、一箇所、異様な部分が見られる。すなわち、「常行堂」部分の後半に、朱の斜線が一面に引かれているのである。沫消の意であることは、該当部分の左に別筆で「朱引ノ所禁写」と朱書されていることから確認される。では、何故このような「朱引」がなされたのだろうか。

朱引部分の直前は、寛永寺の常行堂について、摩多羅神を祀ること、およびその経緯が記されている。

同堂内陣隅附㆓構摩多羅神殿㆒。而立㆓華表於廊橋之北㆒也。抑此神者、起㆓伝教大師習合之縁由㆒。玄旨灌頂之秘尊、

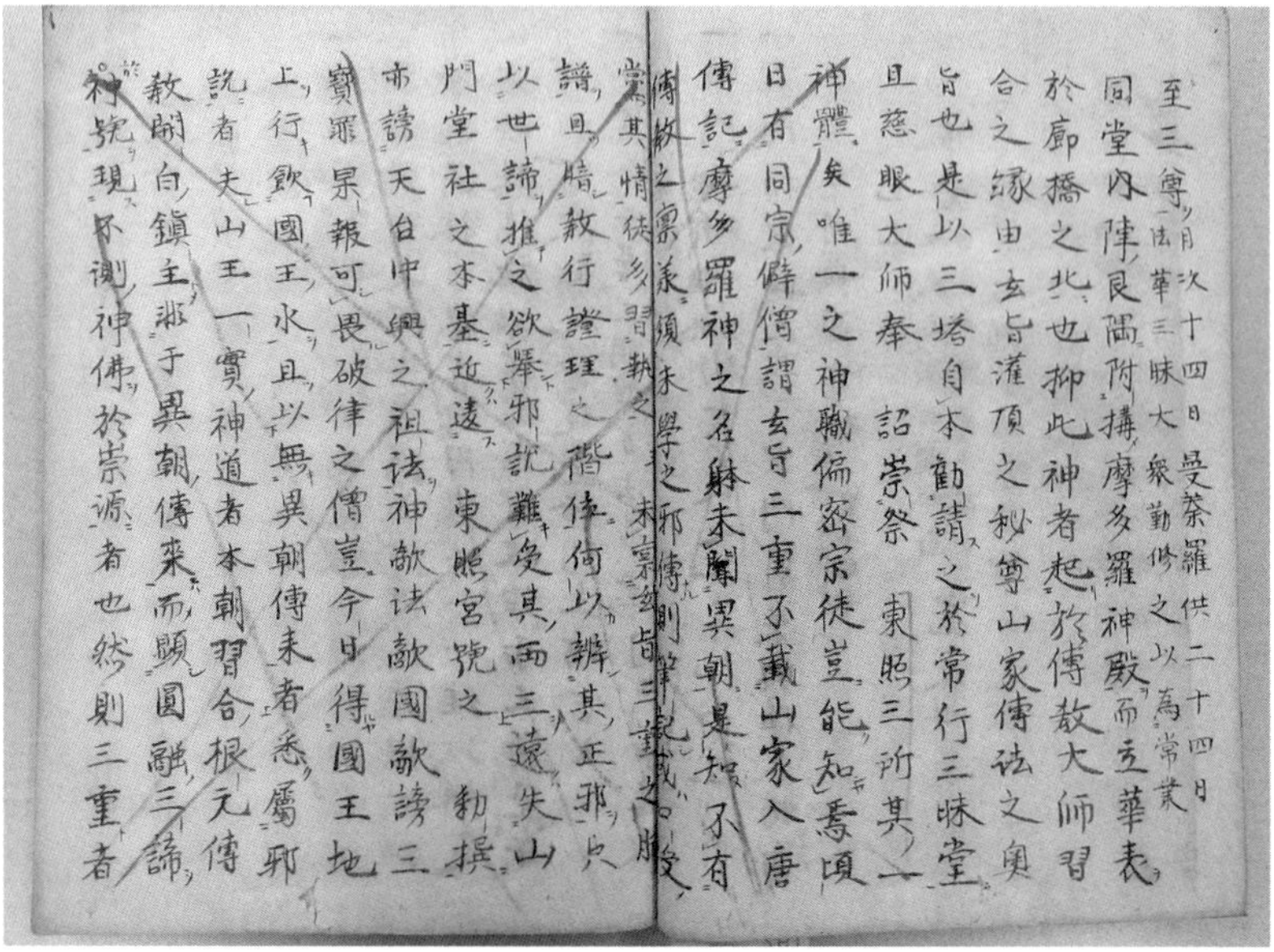

至三尊月次十四日曼荼羅供二十四日法華三昧大衆勤修之以為常業
同堂内陣艮隅附構摩多羅神殿而立華表
於廊橋之北也抑此神者起於傳教大師習
合之縁由玄旨灌頂之秘尊山家傳法之奥
旨也是以三塔自本勧請之於常行三昧堂
且慈眼大師奉詔崇祭 東照三所其一
神體矣唯一之神職偏恣宗徒豈能知哉頃
日有同宗僻僧謂玄旨三重不載山家入唐
傳記摩多羅神之名躰未聞異朝是知不有
傳教之稟承須末學之邪傳則牽記載之
當其情徒多習執之末宗玄旨三重之腹
講且暗教行證理之階倅何以辨其正邪只
以世諦推之欲舉邪説難免其而三遠失山
門堂社之本基近遠 東照宮號之 勅損
亦謗天台中興之祖法神敵法敵國敵謗三
寶罪果報可畏破律之僧豈今日得國王地
上行飲國王水且以無異朝傳来者悉屬邪
説者夫山王一實神道者本朝習合根元傳
教開白鎮主渉于異朝傳来而顕圓融三諦
神號現不測神佛於崇源者也然則三重者

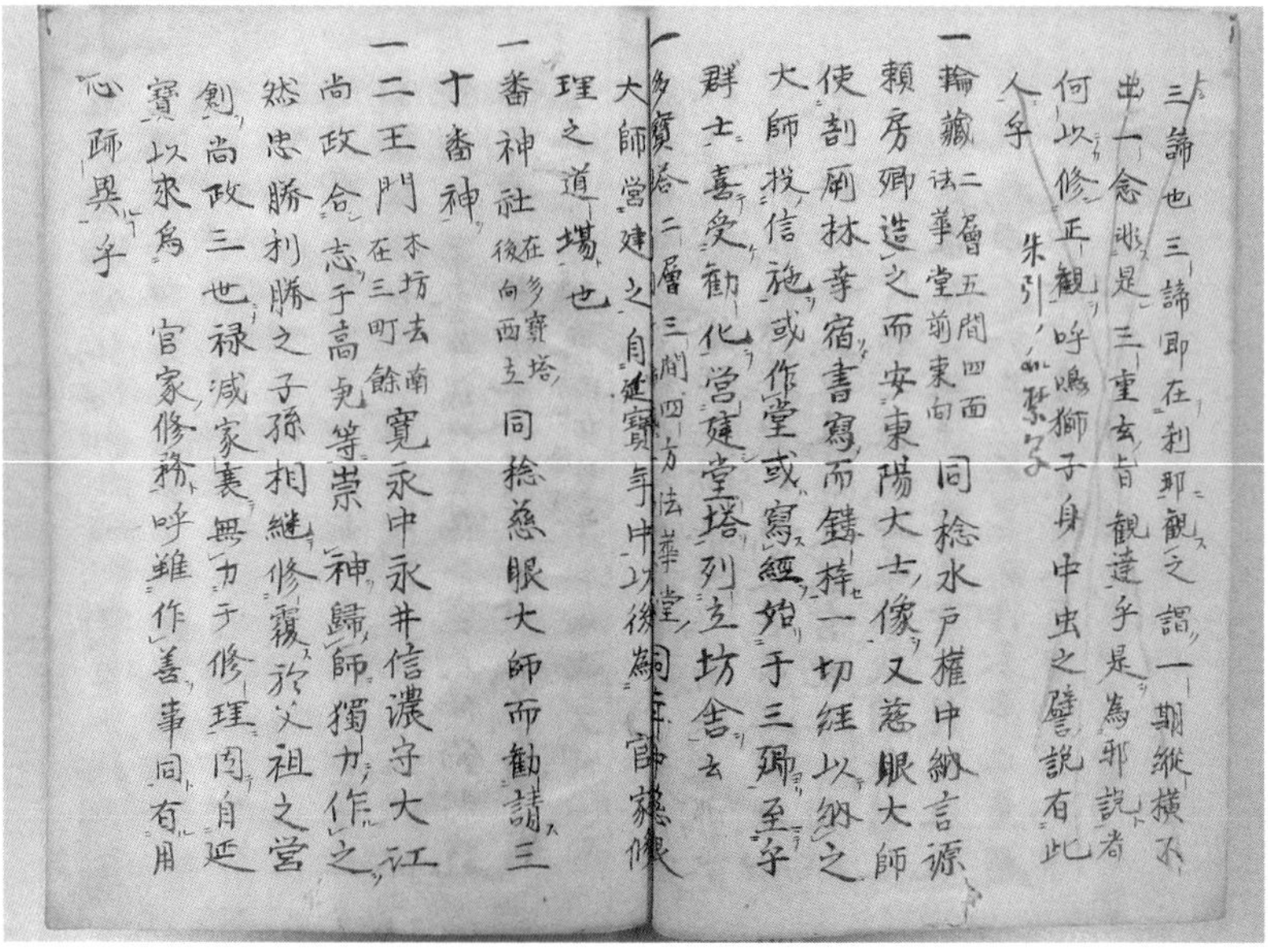

三諦也三諦即在刹那觀之謂一期縦横不
出一念故是三重玄旨觀達乎是為邪説者
何以修正観呼嗚獅子身中虫之譬説有此
人乎
朱引ノ所繋字
一輪藏 二層五間四面法華堂前東向 同揔水戸権中納言源
頼房卿造之而安東陽大士像又慈眼大師
使剖劂林齋宿書寫而鏤梓一切経以納之
大師投信施或作堂或寫經始于三珮至乎
群士喜受勧化営建堂塔列立坊舎云
一多寶塔 二層三間四方法華堂後 同年官慈眼
大師営建之自延寶年中以後
理之道場也
一番神社 在多寶塔後向西立 同揔慈眼大師而勧請三
十番神
一二王門 本坊去南在三町餘 寛永中永井信濃守大江
尚政合志于高見等崇神帰師獨力作之
然忠勝利勝之子孫相継修覆於父祖之営
創尚政三世禄減家衰無力于修理内自延
寶以来為 官家修務呼雖作善事同有用
心跡異乎

『東叡山縁起』常行堂（朱引部分）

山家伝法之奥旨也。是以三塔自レ本勧二請之於常行三昧堂一。且慈眼大師、奉レ詔崇二祭東照三所其一神体一。

常行堂に祀る摩多羅神について、最澄が勧請したこと、玄旨帰命壇の本尊であること、天海が東照三所権現の一つとして崇めたこと、等が記されている。ところで、それに続く朱引部分は次のようである（説明の便宜上、三つに分ける）。

(a)唯一之神職・偏密宗徒、豈能知《ニクンヤ》レ焉。頃日有二同宗僻僧《ノ》一、謂「玄旨三重不レ載二山家入唐伝記一、摩多羅神之名体未レ聞二異朝《ニ》一、是知不《ヌ》レ有二伝教之稟承《ニ》一、須二末学之邪伝《ナル》一。」則筆記或口授党《シハ》二其情《ノ》一徒多習二執之一。

(b)予未レ稟二玄旨三重之脈譜《ヲ》一、且暗《ツシ》二教行証理之階位《ニ》一、何以弁《カン》二其正邪《ノ》一。只以二世諦《ヲ》一推《テ》レ之、欲レ挙《ント》下邪説難レ受其両三《ヲ》上。遠《クハ》失二山門堂舎之本基《ニ》一、近《クハ》遠《ス》二東照宮号之勅撰《ニ》一。亦謗二天台中興之祖法《ヲ》一。神敵・法敵・国敵、謗三宝罪果報可《シ》レ畏《ル》。破律之僧豈今日得《ルヤ》二国王地上行飲《ヲキ》二国王水《ノヲ》一。且以《ツ》下無《キ》二異朝伝来一者上、悉属《ク》二邪説一者《カ》。

(c)大山王一実神道者、本朝習合根元、伝教開《ノ》白《（闢カ）ノ》鎮主《（守カ）トノ》、非二異朝伝来一《ニハ》。而顕二円融三諦於神号《ヲ》一、現《ス》二不測神仏《ノ》於《ヲ》崇源《ニ》一者也。然則「三重」《ト》者三諦也。三諦即在《テ》二刹那《ニ》一観《ス》レ之、謂《ク》一期縦横不出一念、非《ス》二是三重玄旨観達《レ》一乎。是為《レ》二邪説《ト》一者、何以修《テカン》二正観《ヲ》一、呼嗚《（ママ）》、獅子身中虫之譬説有二此人《ニ》一乎。

まず(a)の部分では、由緒ある縁由も知らず摩多羅神を貶す「僻僧」の存在が示されている。この「僻僧」の発言が、「（玄旨帰命壇の）壇場の軌式は固に経論に見へず、疏鈔に載せず」[7]（霊空光謙『闢邪編』）と同趣旨のものであることを考えるなら、(a)は当時の天台教団の主流派である安楽律派の主張を示した部分といえよう（なお、ここで「摩多羅神の名体は未だ異朝に聞かず……須く末学の邪伝なるべし」と、元禄以降玄旨帰命壇批判と共に、摩多羅神への批判も行われたことが明記されていることは、記憶しておく必要がある）。それに対して、(b)では反対する立場が表明され、(c)に到って、その論拠が述べられる。まず〈玄旨帰命壇・摩多羅神の典拠が異朝に見られない〉という(a)の主張に対し、「異朝伝来」より「本朝習合」を重んじることが説かれる。これは、中国天台の直輸入を目指した正統安楽律派に対して、最澄以来の伝統的教学を標榜・固守する異端派の立場を示している。次に教学的には、〈玄旨三重＝三諦〉であるからと玄旨帰命壇等を擁護するのだが、これも「万法皆三諦」[8]（『玄旨壇秘鈔』上）を首唱する伝統教学（口伝法門の恵光房流）に通じる立場と言い得る。つまり(a)～(c)の部分では、安楽律派に対する伝統教学、正統派に対する異端派の立場から摩多羅神擁護がなされていたのである。

以上から、朱引を行ったのが当時宗内で勢力を得ていた安楽律派の僧であることはほぼ明らかである。それでは、朱引をされた記述は誰によって書かれたのだろうか。

『東叡山縁起』は本文末に、「右宣存権僧正誌置」の識語が見られる。この記載を信じるならば、朱引部分を記したのは宣存[9]（寛永十六〈一六三九〉～宝永五〈一七〇八〉）となる。ところが興味深いことに、『東叡山縁起』と同じ記述を持つ『東叡山諸堂建立記』・『東叡山記』（内閣文庫蔵）・『東叡山仏閣神社宗廟記』（叡山文庫蔵）は、同様に「右宣存権僧正記」の識語を持つものの（『東叡山仏閣神社宗廟記』には識語ナシ）、朱引された部分のみ全く欠落しているのである。ここから、朱引部分は本来の宣存の記述には無く、原本を写す時に新たに付加されたことが考えられる[10]。それでは、誰がそのような付加を行ったのか。安楽律派に対抗して摩多羅神擁護の文を加えたのは誰なのか。『東叡山縁起』奥書には、それを推定させる記載が、次のように残されている。

右堂社記権僧正宣存誌　従勧善院《乗因》借得《テ》写置者也
　　享保七寅年　　尚志写之

「勧善院」が「宣存誌」と称して朱引部分を加えた人物である。そして「勧善院」の右肩には小さく「乗因」の名があった。

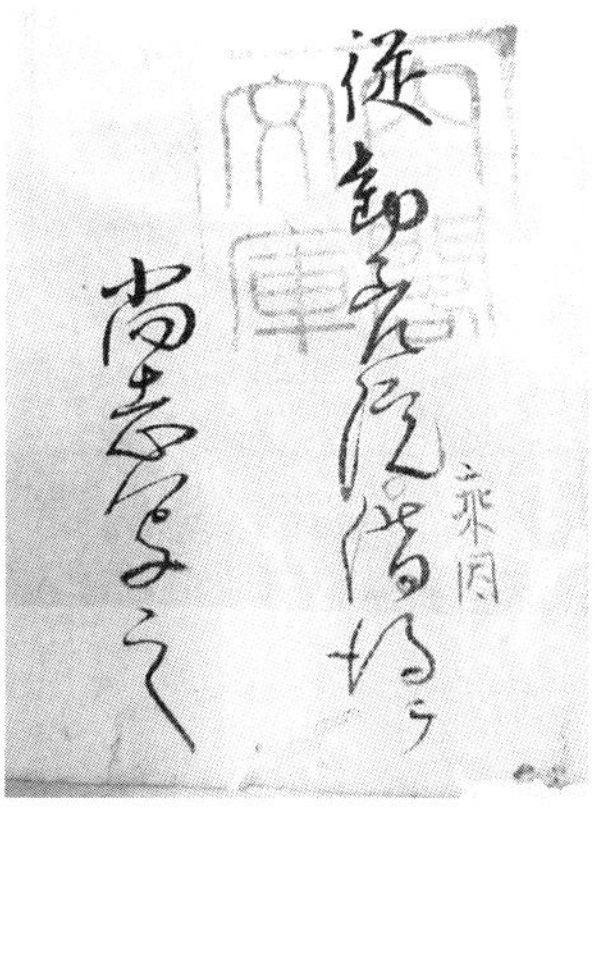

二　乗因と摩多羅神

享保十年（一七二五）まで勧善院に住した乗因は、後に信濃国戸隠社別当に転じ、法式・衣体の私的変更等により、幕府の処罰を受けた人物である。(11) 彼の戸隠転住以前の思想傾向は殆ど不明であったが、ここに思いがけなく、彼が早い時期から摩多羅神信仰に親しんでいたことが明らかになったのである。

今まで触れられたことが無いが、実は乗因は一貫して摩多羅神を奉じている。彼の最晩年の定論を記した『金剛幢』は、自己の教学的立場を「一心三観」を説く口伝法門の伝統に置き、その上で摩多羅神信仰を宣揚している。

雖二則正像末《ノ》弘経不レ同、而至《ハ》二乎一心三観《ノ》宗旨《ニ》一則無レ有《ヿ》二別異一。為《ノ》伝二示《センカ》此義《ヲ》一故《ニ》、恵檀両流共《ニ》伝二授《ス》玄旨三重《ヲ》一。(12)

引用文は直前に、龍樹・智顗から天海に到るまでの祖師たちが、時代状況に応じて教えを説いたという記述を持つ。

ここではそれを承けて、〈それらはいずれも「一心三観」に帰する点で同一である〉と述べ、さらにその「一心三観」を伝授する要として「玄旨三重」（玄旨帰命壇）が示されている。玄旨帰命壇が支持されるなら、その本尊である摩多羅神が奉じられるのも当然であろう。果たして目を転ずれば、次の記述が見られる。

撃鼓三観

問、「信相撃レ鼓《ツハ》表《ヲ》二一心三観《ス》一、其意《ヲ》如何。」答、「心無ナルカ故ニ声十方《ヘ》ニ徧ス。」
此《ハ》常行堂ニ摩多羅神ノ像ヲ安置スル故ニ問ナリ。法華堂・常行堂ハ玄旨帰命壇ノ灌頂道場ナリ(13)。

玄旨帰命壇の公案（悟りに到る手がかりとしての論題）の一つである「撃鼓三観」について解釈を行う中で、摩多羅神との関係が示されている。しかしこれだけでは、何を意味するかは不明である。続く記述に進もう。

金光明経懺悔品云《ニ》、「爾時信相菩薩即於二其夜一夢見二金鼓《ヲ》一、其状姝大、其明普照《クノ》喩《ヘバ》如二日光一《ノ》。復於二光中一得レ見《コヲ》下十方無量辺諸仏《ノ》世尊衆、宝樹下坐《ニノ》二瑠璃座《ノニ》一与二無量百千眷属一囲繞而為《ニヲ》説上法《ヲ》。見レ有二一人一以二婆羅門《ヲ》一。以レ桴撃レ鼓《ヲ》出二大音響《ヲ》一。其声演コ説《ス》懺悔偈頌《ノヲ》一。」又云、「見三婆羅門撃《ヲ》二是金鼓《ヲ》一」ト。是《レ》摩多羅神ノ相ナリ(14)。

『金光明経』懺悔品から、信相という菩薩が夢を見た時の話が引用されている。夢の中で信相は、不思議な金鼓を見た。その金鼓は明るく光り輝き、光の中に無数の諸尊が見られた。さらに、一人のバラモンらしき者が金鼓を鳴らすと、その音は懺悔の偈となって響きわたったという。――散文と韻文の二つの引用の後に、乗因は、このバラモンこそが摩多羅神であると説いている。

止観《ノ》半行座中《ノ》明《ニノ》二方等三昧《ノ》方法《ヲ》一云、「方等至尊、不レ可二聊爾《ナル》一。若欲《シ》二修習《セハ》一、神明《ヲ》為レ証《ト》。先《ニ》求二夢王《ヲ》一、若得《レハ》レ見《ルヿヲ》レ一是《ヲ》許《レス》二懺悔《ヲ》一」ト。信相夢見ノ婆羅門ハ金光明所説ノ夢王ナル故ニ常行堂ニ安スルナリ。(15)

ここまで読み進めて、「撃鼓三観」の意味が明らかになった。信相が夢の中で見たバラモンとは『摩訶止観』に説く「夢王」、すなわち懺悔の深さを保証する神であり(16)、それこそが摩多羅神と説かれる。つまり、〈深い懺悔の境地⬆一心三観〉に到れば心が無になり普遍性を持つ、その心の深さを保証するのが摩多羅神であるというのである。ここには「一心三観」を絶対視する伝統教学の立場に立って、摩多羅神をその心の守護神とする見方が窺える。

このような〈一心三観⬇心の理想的境地〉を絶対視する見方が、当時の正統教学とどれほど隔っていたかについては、次の『闢邪編』との対比が明確に示してくれる。

問、「神相（ママ）撃《ツハ》レ鼓《ヲ》表《ス》二一心三観《ヲ》一。儞試道看《ニヘン》。」答《テ》曰、「心本無《トナルカ》　故《ニ》通二貫《スル》十方《ニ》一。」
弁《ノ》曰、此説甚《タ》粗鹵《ニノ》不レ成二三観之義《ヲ》一。夫《レ》空諦即《ハチ》性量、堅窮《ニノ》横偏《ニスルノ》謂也。仮諦即《ハチ》性具、無二法《トノ》不レ備《ルヿラ》之謂也。中諦《ハ》即性体、不レ一不レ異《ナラ》、待絶滅絶之謂《ナリ》也。三《ニノ》而常一、一《ニノ》而常三《ニ》、三一泯絶不レ可二思議《ス》一。在《テ》レ性名《ニケ》二之三諦《ヲト》一、在《テ》レ修名《ニ》二之三観《ヲト》一。能所不二境観並亡《ヘス》、是吾宗極談《レカノ》也。帰命所謂《ノル》「心本無《トナルカ》　故《ニ》通二貫《スル》十方《ニ》一」者、僅似《ニタル》レ言二性量一《ノ》分二而已。性具・性体猶《ホ》不二復知《ラ》一、一心三観豈足《ニン》レ言《ニ》乎。(17)

同じ「撃鼓三観」の偈を対象としながらも、『闢邪編』において霊空光謙は、〈心が無の境地に到る⬆一心三観〉の説に対して徹底的に半駁する。霊空によれば、〈無の境地＝普遍性を得る〉という見方は、存在の空的側面の拡大解釈であるという。存在の真実のあり方には、①永遠不変のものは存在しない(空)が、②同時に存在は何らかの表象として出現し(仮)、③その両面性が同時に存在の真実である(中)という、空・仮・中の三つの側面がある、(玄旨)帰命壇で説く〈一心三観⬇無〉の論は、その中の空の側面のみを強調した偏った見方である、と説くのである。

このように対比してみるなら、両者の相違は〈存在のあり方の〝空〟的側面と〝仮〟的側面のどちらに重点を置くか〉と捉えることが可能であろう。言い換えるなら、物事の本質的側面に重点を置く乗因と、現象的側面に重点を置く霊空の対立と見られる。以前筆者は、玄旨帰命壇に関して論じたが(18)、摩多羅神をめぐっても正統教学(光謙)と異端教学(乗因)の間に、同様の対立が存在したのである。

以上第一・二節の考察によって、元禄期以降の教学対立の中で、玄旨帰命壇と同様摩多羅神も否定されていたことが明らかになった。そして霊空と乗因の思想対立の跡をたどることで、摩多羅神否定が単なる偶然や言いがかりでなく、安楽律を推し進めた正統派とそれに対抗した異端派おのおのの主張の、根本的相違点に基づくことも理解された。元禄期以降、安楽律派が正統教学の地位を獲得したことから、天海以来の〈摩多羅神を体制の拠所とする構想〉は、ここに最大の危機を迎えたのである。

果たして摩多羅神信仰は、ここで絶えてしまうのだろうか。——結論からいうなら、実は摩多羅神信仰は、如上の状況にもかかわらず、寛永寺内部で脈々と続けられていたのである。ではそこには、いかなる事情が存在していたのだろうか。次節以下ではそれを論じよう。

三　『摩多羅神私考』

元文三年（一七三八）三月、霊空と乗因は共に死の前年の春を迎えていた。安楽律の正統教学化を果した八十七歳の霊空は、一春を摂津金龍寺に過していた。一方、五十六歳の乗因は、信濃戸隠社で畢生の著『金剛幢』を仕上げ、正統教学との対立――翌年〈遠島後の死〉という形で結末を迎える――に余念が無かった。その同じ頃、寛永寺の一隅で、摩多羅神信仰に一時期を画す著作が生まれている。真如院覚深（一六九四～一七七六）の『摩多羅神私考』である。

墨付三丁程度のごく短い文章は、上杉文秀『日本天台史』別冊に翻刻されることで広く知られているにも拘わらず、何故この時期に書かれたかについて問われたことが無かった。しかし後述のように、本書は摩多羅神信仰の重要性を説くものである。摩多羅神を「末学の邪伝」と見なす風潮の中で、あえて書かれたのにはそれなりの理由があるはずだ。もし乗因のような異端派が著したなら、まだ首肯できる。しかし、著者覚深は、安楽律を正統教学とする体制の中で権僧都に昇り(19)、執当に任じられた人物なのである。いわば、当時の天台教団の体制内の人物によって、異端の神が宣揚されたのは何故か。以下、内容の検討を行うことで、その理由を考えていきたい。

本文は大きく二つの主張を持つ。第一は摩多羅神の出自である。該当部分を示す。

> 大日経疏第十一巻ヲ閲ニ、「有㆓忙怛哩天㆒、自ラ有㆓真言㆒、為㆔一切人ノ㆒作ト㆓大疫㆒」有リ。真言宗ノ果宝ハ「忙怛哩天ハ七母女天ナリ」ト釈セリ。然レハ忙怛哩天ハ即チ七母女天ナリ。誰レ人ノ首書ナラン知リ難ケレ𪜈、忙怛哩

天ノ首書ニ「摩多羅神此ニ云フト二行疫神ト一」有レハ、摩怛哩即チ摩怛羅ナリ。哩ト羅トハ相通ニメ摩怛哩即チ摩多羅神ナリ[20]。

ここで覚深は、『大日経疏』等の説にしたがって〈摩多羅神＝忙怛哩天＝七母女天〉を主張する。七母女天とは大黒天の眷属、閻魔天の姉妹神などといわれる神である[21]。覚深は引用文の後も語釈や引用を重ね、「摩多羅神ハ七母女天ナル事弥瞭然分明ナリ」と、力を入れて強調する。その上で、次の摩多羅神の性格を行疫神と述べる。すなわち第二の主張である。

摩怛羅神ハ行疫神ニメ一切ノ人ノ為ニ大疫ヲ作スニ、此ノ神ヲ以三所ノ内ニ勧請シ玉フ事如何ト思フニ、其神秘ハ測リ難ケレトモ、天下泰平・子孫繁昌ヲ祈ルニハ此ノ神ニシクハ有ヘカラス。無道ノ人有テ国家ヲ乱万民ヲ苦ムル時ハ、剣戟ヲ以テ之ヲ治メ之ヲ害ス。此ノ神流行神ト成テ、一念モ逆心起ス者アル時キハ刃ヲ用スメ、大疫ヲ以テ是ヲ罰シ天下泰平ヲ作サシメ玉フ。此レ是ノ神ノ徳ニ非スヤ[22]。

「行疫神」とは、文中にも見えるような流行病を掌る神である。覚深は摩多羅神についてまず行疫神であることを指摘し、それ故に国家の守護神と成り得ることを説く。一般論として、当時の為政者の重要な任務に呪法によって国土の疫病流行を防ぐことが含まれているのは、それほど意外なことではない[23]。しかしここでは、それ以上の効能が期待されている。すなわち、反逆者の武力に疫病で対抗する力が摩多羅神に求められているのである。引用のように覚深は、摩多羅神を行疫神として捉えたが、それは反乱に対抗し得る呪的能力の掌握を目的とし、そこに重点を置いて捉え直したものであった。

余談ながら、ここまで読み進めれば、何故〈摩多羅神＝七母女天〉でなければならないかが明確になる。というのも、七母女天は『大日経義釈』巻八に「如二七母鬼等《ノ》一、亦以二小分《ノ》自在力《ノ》一、結二作《メ》明呪一、能作二衆生《ヲ》疾疫災癘一、亦能《ク》息レ之」(24)とあるように、疫病を掌る神とされていたからである。その知識がある程度の広がりを見せていたことは、例えば『摩怛利神記』の、

問、供《スル》二七母一則疾疫速止《ニム》、其故如何。答、一《ニハ》鬼亦《モタ》知レ恩故、二《ニハ》彼有二自在力一故、作レ疫亦《タ》能息レ之。(25)

のように、七母女天の属性に対する理解が進んでいたことから窺える。覚深はこのような七母女天の力を充分承知した上で、その側面に重点を置いて、摩多羅神との習合を図ったと考えられるのである。

四　行疫神の変貌

分析してきたような覚深の摩多羅神観は、それ以前のものとどう異なっているのだろうか。摩多羅神は、①行疫神であると共に、②呪力によって国家を守護する神とされてきた。①、②の順で、まず典拠の面から見ていこう。

〈摩怛哩神＝七母女天〉については、『大日経疏』巻五で「東辺に黒夜神及び七摩怛里を作る」の文に続き「記して伝ふ、七母皆女鬼なり、其の形悉く皆な黒色」の記述があり、(26)ここに由来すると考えられる（覚深も文中引用）。〈七母女天＝疫神〉については既に言及した通りなので、残る〈摩多羅＝忙怛哩〉が証明されれば、〈摩多羅神＝疫神〉が

成立する。ただし、それについて筆者は直接文証となる記事を発見するに到っていない。覚深自身は、『大日経』巻三の「摩怛哩神真言、能く衆生に疾疫災癘を作す」(27)と七母女天の性格の相似から、間接的に証明を行っている。ともあれ、以上から摩多羅神が七母女天であり行疫神であることについては、『大日経』およびその注釈書群から導き出せることが確認できる。

一方、摩多羅神の国家守護神としての性格については、二つの段階で考えられる。第一に、行疫神が治国を左右する存在であるという概念の段階については、充分では無いながら次の記事が参考になる。

（最澄）其後赴レ唐、到二青龍寺一。其鎮守曰二摩多羅神一。又名二金毘羅神一。澄問、「何神欤」。答曰、「三輪金光。」於レ是始覚、向睿山三光者是也。(28)

これは、林羅山が寛永年間に著した『本朝神社考』の中で、『山家要略』からの引用として記している部分である。ここで提示されている（続く記述で詳説される）ように、摩多羅神と三輪明神を同体視する見方が近世初期の叡山に存在したことを表している記述といえる。それでは三輪とはどのような神であっただろうか。

是夜夢、有二一貴人一。対二立殿戸一、自称二大物主神一曰、「天皇、勿二復為レ愁。国之不レ治、是吾意也。若以二吾児太田々根子一、令レ祭レ吾者、則立平矣。亦有二海外之国一、自当二帰伏一矣。(29)

右は『日本書紀』崇神天皇七年の記事である。国が治まらず悩む天皇の夢に、大物主の神が現れた（大物主は三輪の祭神)。そして、「国が治まらないのは自分の意志による。自分の子に自分を祭らせれば治まるようになる」と託宣が記される。つまり大物主神(三輪神)は、自分を祭らせるために国を乱す神である。さらに、国を乱したことの内実は、祭った結果が「是に、疫病始めて息みて、国内漸に謐りぬ」と記されるように、まず疫病流行で捉えられる。三輪神とは、疫病を駆使し治国の鍵を握る神だったのである。ここから、近世初頭の叡山で摩多羅神は〈治国を左右する行疫神〉と捉えていたことが、三輪と一体視されていたことから確認できる。『摩多羅神私考』は、まずその延長線上で捉えられるだろう。

ところが、覚深の摩多羅神観はそこに止まらなかった。『摩多羅神私考』では先に見た如く、摩多羅神は治国を保障する以上に、場合によっては反逆者を攻撃する、いわば〈国家を守護する行疫神〉として捉えられているのである。この段階に到っては、もはや典拠は求め得ない。従来も、疫病で人々を苦しめる神(行疫神)や、特定の人間集団の利益を守る神(守護神)という概念はあったものの、両者が一体化した〈特定の人間集団のため疫病で敵を攻撃する神〉という概念は見られなかったからである[30]。

しかしながら、そこへ到る要素としては、次の二つの可能性を想像し得る。

一つは、東照権現の守護神としての性格である。家康が死の直前に「八州の鎮守[31]」への意志を示したことは広く知られるが、それに対応して、徳川家守護神としての東照権現のイメージの形成されたことが伝えられている。一例を挙げる。

同年、禰宜頭高津権左衛門と申す者、番所に臥し居り申し候処、或夜半過の頃、夢現に見申候は、御鎧を被レ為レ召御馬にて御瑞籬の内を御廻り被レ遊候様に覚え候処驚き目覚め候えば、御馬の足音聞え、其後御宝塔の方にて馬の嘶き候声聞え候由権左衛門慥に申し候[32]。(『久能山御奇瑞記』)

右の東照権現出陣譚は、島原天草一揆（寛永十四年〈一六三七〉～十五年〈一六三八〉）を題材として形成された伝説であるが、ここに見られるような守護神としての東照権現像は、疑いなく〈国家を守護する行疫神〉の守護神的側面を形成する可能性を持つ。そして、東照権現崇拝を推進した天海の神学が、「掛まくも恭き東照大権現、同体異名山王・日光……」[33]と、東照権現と摩多羅神（＝日光権現）を一体視する構想を持っていたことを思うなら、摩多羅神の守護神化が東照権現からの影響であることも、充分首肯できると考えるのである。

もう一つは、鶏足院覚深[34]の『摩多羅神行要記』からの影響である。同書は貞享四年（一六八七）に著された、摩多羅神供養のための覚書的性格を持つ書であるが、本文の最後に次の記述がある。

私云、此法秘法也。顕二法相一承二法事一。就レ中常行三昧護法善神也。次亦疫神。対治全用之天台宗最大事在二此尊一。尤可レ言レ之可レ崇レ之。[35]

摩多羅神について、常行三昧の守護神であると共に「疫神」であることが明記され、それ故に「天台宗最大事」に関わると説かれる。そのことだけでも〈摩多羅神＝疫神〉観の共有が指摘できるのだが、さらに重要なのは、この鶏足院覚深も寛永寺貫主公弁法親王に重用され[36]、大僧正に到っているという事実である。つまり二人の覚深は、思想内容に共通性が見られると共に、天台教団の中枢部に位置しつつ摩多羅神信仰に親しんだ点においても共通する。その意味で、鶏足院覚深は真如院覚深の直接の先蹤と見られるのである。

以上から覚深『摩多羅神私考』は、従来の〈摩多羅神＝行疫神〉の伝統を踏まえつつ、さらに（恐らくは東照権現に由来する）国家の守護神という性格を取り入れ、〈国家を守護する行疫神〉という概念を提示した点に従来見られなかった特徴を持つことが理解される。さらにその特徴は、天台教団の中枢部――具体的には天海・公弁や鶏足院覚深――の思想と決して乖離したところにあるのでは無く、むしろ一連のものと考えられることを指摘しておきたい。

五　近世妙法院と摩多羅神

真如院覚深に記録されたことで、現在までその姿を伝える天台教団中枢部の摩多羅神観は、既述のように他に類を見ない特徴を持つ。次にそのことを、同時期の別系統の摩多羅神信仰と比較することで確認しておこう。

近世の摩多羅神信仰をめぐる通説に反論したのは、三崎義泉氏に始まる。三崎氏は妙法院所蔵の摩多羅神掛軸とそれに関する記録に基づき、元禄十三年（一七〇〇）に到っても玄旨灌頂の行われていた事例を提示した。その上で三崎氏は、「今日多くの学者は、玄旨灌頂は元禄二年（一六八九）二月に霊空光謙がこれを邪として闢けるため『闢邪編』を著し、同六年十月天台座主公弁法親王がそれに序文を附して上梓されて以来、一挙に禁止された、と見做している。しかしながら……（具体的事例の提示）……しからば〝玄旨灌頂禁止〟とはどのようなことであったのか」と通説を批判されている(37)。

三崎氏が指摘されるように、近世に入っても上方門跡の一つ妙法院では摩多羅神信仰が継承されていた。筆者の知る限り、享保年間に到ってもそれは続けられている(38)。一方、門跡と血縁関係にある霊元上皇が一役担っていたことも指摘されている(39)。このように、近世の摩多羅神信仰は寛永寺と並び、妙法院にも存在していたことが知られるのである。それではこの二系統は、内容的にはどう関係づけられるのか。寛永寺同様、妙法院にも〈国家を守護する行疫神〉

の観念が見られるのだろうか。

この点について検討するには、当時妙法院において実際に修せられていた玄旨帰命壇の記録が必要である。しかし、今まで近世妙法院の玄旨帰命壇を論じる材料となった史料にはそこまで内容に立ち入ったものは無く、三崎氏もその点は言及されていない。したがって、当時の実情を示す史料の発見が必要となる。

そこで注目したいのが、叡山文庫蔵の『帰命壇聞書』という一冊の写本である。本書は縦一五㌢×横二一㌢程度の大きさで、本文四丁（一部破損）の極く小さな冊子である。表紙に「沙門」「堯恕」の字があり、目を奥書に転じると次の記述が見られる。

明暦二年八月六日夜、於二竹林院一被レ行レ之。其日終日雨天也。至二其時刻一暫雨止。庭上化儀終テ師弟入二堂内一尋雨降。誠殊勝之事也。天星加護ノ謂也〱。

堯憲被レ行レ之

弟子

予　養源院（……以下九名略）

その他、本文末には「天台沙門決定王如来堯恕」の署名が見られる。[40]このことから本書は、明暦二年（一六五六）玄々院堯憲（妙法院の院家の住侶）からの付法を、当時十三歳だった堯恕法親王（妙法院門跡、一六四〇～一六九五）が書き留めた書であることが分かる。当時の妙法院内の玄旨帰命壇の実修状況を示す貴重な史料と思われるので、その内容、特に摩多羅神の扱いに注目して見ていきたい。

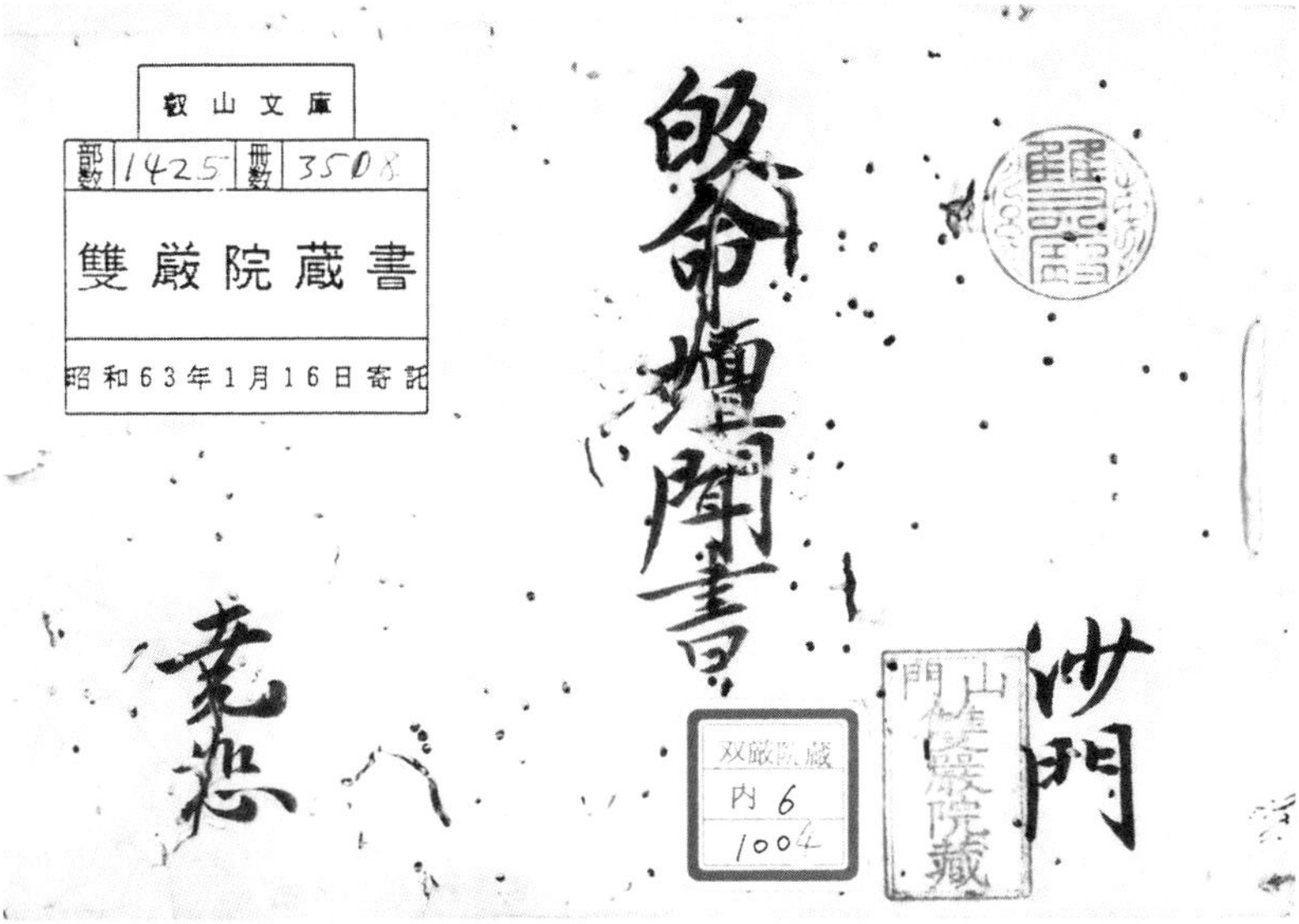

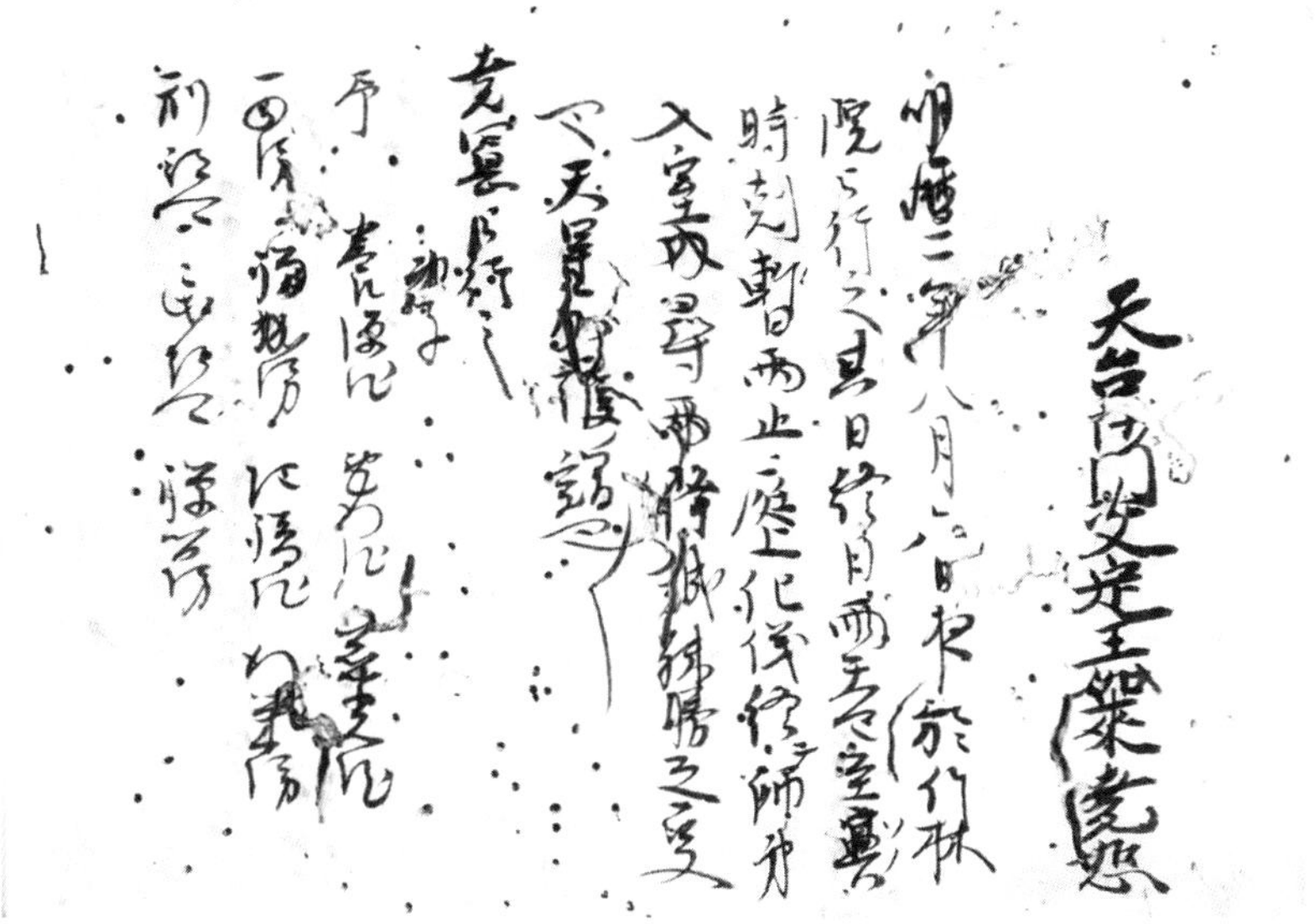

『帰命壇聞書』表紙（上）　　同奥書（下）

『帰命壇聞書』は、次のように三部から構成されている。

室内

（Ⅰ　外陣）

①摩多羅神前で、御無生懺悔の公案
②同じく、鼓一心三観の公案
③同じく、生死体際の公案
④同じく、三光三諦の公案

（Ⅱ　内陣）

⑤阿弥陀仏前で、至境一心三観の公案
⑥三輩九品を表す花皿の説明
⑦二面の境による境智互照の説明

室外

（Ⅲ　帰命壇）

⑧いわゆる「暁天の作法」

さて、一読すると分かるのだが、本書の内容は中世の玄旨帰命壇の様式をほぼ踏襲したものといえる。それに関して、特に摩多羅神の登場する外陣の化儀を対象に概要を示そう。

まず、師が弟子を摩多羅神の画像の前に導き解説をする。その内容は、「此摩多羅神ヲカクル（＝掛ける）事」は玄旨の「余分」であり、「玄旨ノ時ハ是ハ用㆓本尊㆒」るが、帰命壇の時なので「掛㆑之」にとどめる、というものである。

続いて観無生懺悔の公案が出され、それについて「対衆懺悔」「観想懺悔」「観無生懺悔」の三重が説かれる。次に「本尊（摩多羅神）サマヤ（三摩耶）形」である鼓を打つ姿について、「皮ガ鳴ル歟、手カ鳴ルカ、シラヘカ鳴ル歟、ドウガ鳴ル歟」と、鼓一心三観の公案が示される。次は生死本際の公案で、「衆生ハ何ナル処ヨリ来リテ何ナル処ニ還ソヤ」が問われる。最後に「三星照三物之事」で、「日月星」が「一心三観ノ姿」である、と三光三諦の公案が示され、外陣の化儀が終る。

以上外陣の化儀は、中世の玄旨帰命壇の教義をほぼ継承していると考えられる。詳述は避けるが、内容的には『帰命壇之事』[41]（叡山文庫真如蔵写本）に近い。例えば摩多羅神の扱いについて、玄旨の本尊・帰命では「余分」と記し、煩悩即菩提の教義の形象化であることを示している点や、性格についても、一心三観を絶対視する教学で教義づけしている点などが、恵光房流の伝統的解釈と一致するのである。そして、Ⅱ内陣・Ⅲ帰命壇でも、基本的にそれは変わらない。

このように、明暦二年の記録に見る妙法院の玄旨帰命壇・摩多羅神は、中世天台の伝統教学の姿を伝えるもので、寛永寺のそれと異なり、近世での変容が殆ど見られないものであった。そして、数少ない史料からではあるが、特に儀礼内容の変更された跡が見られずむしろ伝統的なものの継承を重視した様子の窺えることから[42]、近世の妙法院で行われた玄旨帰命壇と摩多羅神観は、この『帰命壇聞書』に示されているような、伝統教学に基づくものであったことが考えられるのである。

おわりに

以上の考察の結果をまとめてみよう。

近世の摩多羅神信仰は、現時点では二つの系統が挙げられる。寛永寺と妙法院である。(43)妙法院の摩多羅神信仰は玄旨帰命壇の儀礼と結びついたもので、中世以来の伝統教学の特色を強く残している。教義の面だけでなくその目的も、「天台宗顕教正脈」(44)の継承をうたい、国家の運営とは一線を画していた。

それに対して寛永寺では、初代貫主天海の時点で、既に摩多羅神の守護神化が始まっていた。東照権現と並祀され国家守護神の座を与えられた摩多羅神は、本来持っていた行疫神の性格に加え、その機能を治国に役立てる方向へ走り、ついには国家を守護する行疫神と性格づけられるに到った。元文三年の『摩多羅神私考』は、そのような変容を示す史料と見ることができる。

寛永寺と妙法院。両者の摩多羅神信仰を比較するなら、中世の伝統教学の立場を継承した妙法院に対し、近世的変容を果たした寛永寺、と捉えることができる。寛永寺の摩多羅神信仰が、玄旨帰命壇の儀礼と直接的には関わりを持たないのもそれを裏づけるであろう。

従来、玄旨帰命壇と摩多羅神信仰は一組に扱われ、そのためか元禄期の玄旨帰命壇批判は、摩多羅神のような伝統教学に基づく(はずの)神をも否定するものと捉えられがちであった。確かに、「末学の邪伝」(『東叡山縁起』)のような摩多羅神批判が威を奮ったのは事実である。しかし寛永寺は、一方では安楽律派の活動により摩多羅神信仰を弾圧しながら、他方自己の内部でそれを育んでいたのである。この事実は何を意味するのか。

答えは、二つの性格の相違の中に求められるだろう。寛永寺が弾圧した摩多羅神は、伝統教学に基づき、師弟の血脈相承を目的とするものであった。そこで継承された呪的能力は、法統維持を第一義とし、国家には直接関わりを持たない。それに対して寛永寺の摩多羅神信仰は、同じ神を奉じながらも神の性格の変化により、国家（徳川家）の守護を第一義とした。この両者の立場の違いが、一見矛盾に見えるような、摩多羅神への対応の二面性を生み出したのである。

摩多羅神は邪神視され、その信仰は禁じられたと思われてきた。しかし、今明らかになった事実は、別の見方を要求している。寛永寺が推進し徳川公儀が後押しした摩多羅神批判は、実は禁止でなく管理が目的だったのではないか。摩多羅神の呪力を否定したのではなく、寛永寺常行堂においてそれを独占することを狙ったのではないか。寛永寺の摩多羅神信仰が、東照権現を補完する範囲内で認められた事実を思う時、この念を抱かざるを得ない。そしてそのことは、一方では戒律重視・口伝否定という合理主義的な教学統制を図った公儀の別の一面――呪力の根源たる神を密かに祭る――を明らかにし、世襲王権に宿命づけられた非合理性の一端を示しているように思われる。

病気を広め、また癒す神――時空を超えた民俗としての神観念が、日本にも当然存在した。それが、国家守護神の位置づけを与えられ変容し、〈国家を守護する行疫神〉として出現したところに、近世の摩多羅神の特徴を見ることができる。それは上記のように、近世国家のあり方と密接な関わりを持つように考えられるのである。

さらに言う。〈国家を守護する行疫神〉は、病を広めまた癒すという職能に応じて〈国家に奉仕する神〉と読み換えることが可能であろう。本来人が奉仕する対象であった神が、人への奉仕を行うようになったことは何をもたらすのだろう。やがて、国家という得体のしれないもののために生命がけで奉仕し、その結果神となることが求められた時代の来ることを知る者にとって、この問題は単に近世の特殊な現象と片づけられないように思われる。その意味からも、本章で扱えなかった近世後半期への展開を期すものである。

註

（1）摩多羅神に関する先行研究としては、以下のものが知られる。有知山剋果「摩多羅神考」（『東洋哲学』二四―一一～二六―一〇、一九一七～一九一九年）、喜田貞吉「摩多羅神考」（『民族と歴史』三―一、一九二〇年、後に『喜田貞吉著作集』一一に再録）、硲慈弘「玄旨帰命壇に関する研究」（『日本仏教の開展とその基調』㊦、三省堂、一九五三年）、景山春樹「摩多羅神信仰とその遺宝」（叡山文化綜合研究会編『比叡山』一九五四年、後に『比叡山と天台仏教の研究』に再録）、服部幸雄「後戸の神」（『文学』四一―九、一九七三年、後に『宿神論―日本芸能民信仰の研究―』に再録）、榊泰純「摩多羅神と歌謡」（『仏教と民俗』一一、一九七四年、後に『日本仏教芸能史研究』に再録）、小田雄三「後戸考」㊤・㊦（『名古屋大学教養部紀要』A二九・三〇、一九八五・一九八六年）、三崎義泉「翁猿楽と摩多羅神をめぐる本覚思想について」（『池坊短期大学紀要』一八、一九八八年）、内藤正敏「夢幻王権論」（『民俗宗教』二、一九八九年）、拙稿「玄旨帰命壇と本覚思想」（『日本思想史研究』〈東北大〉二二、一九九〇年、後に拙著『徳川家康神格化への道』に再録）。（後記：以上は一九九二年の初出時点。その後、福原敏男『祭礼文化史の研究』法政大学出版局、一九九五年。山本ひろ子『異神』平凡社、一九九八年。鈴木正崇『神と仏の民俗』吉川弘文館、二〇〇一年。川村湊『闇の摩多羅神』河出書房新社、二〇〇八年。小田雄三『後戸と神仏』岩田書院、二〇一一年など）。

（2）数少ない例外として、註(1)三崎論文・同内藤論文がある。三崎論文については本文で触れる。内藤論文は、大変刺激的であるが、史料の年代や背景への目配りに欠ける憾みがある。

（3）『晃山拾葉』や『元寛日記』には、東照社造立時に、山王・摩多羅の神輿が運びこまれたと記されている。

（4）神道大系編纂会編／西垣晴次・小林一成校注『上野・下野国』〈神道大系神社編二十五〉（一九九二年）下野国一一五頁。
（5）日光に摩多羅神が祭られたのは、頼朝の時代に溯ることが指摘されている。林羅山『二荒山神伝』参照。
（6）拙稿「霊空光謙の玄旨帰命壇批判」（『歴史』〈東北史学会〉七五、一九九〇年）。
（7）元禄十一年（一六九八）長谷川刊本を底本とする翻刻である『続天台宗全書』口決2（春秋社、二〇一一年）五七二頁（原漢文）。
（8）『信仰叢書』（国書刊行会、一九一五年）四五頁。
（9）近世の天台僧。寛永寺執当、紅葉山別当を歴任し、浅草寺を主る（『天台霞標』）。
（10）もちろん、宣存の原本にあった記述が他の系統には伝写されなかった可能性や、また尚志の段階で付加された可能性も皆無ではないが、乗因『一実神道口授御相承秘記』（『天台宗全書』一二所収）に自身のことを「灌頂ハ仕ラズ候ユヘ、承伝マデニテ伝授ハ仕ラズ」と述べている部分があり、朱引部分(b)の「予未レ稟」以下と対応することから、乗因付加説をとる。
（11）乗因の事跡については、小林健三「戸隠山修験道の新研究」（『日本神道史の研究』至文堂、一九三四年）が詳しい。小林説に対する筆者の見解は、拙稿「山王一実神道の展開」（『神道宗教』一四三、一九九一年、本書第一章に収録）参照。
（12）元文三年（一七三八）写本（龍谷大学図書館蔵）を底本とする翻刻（『戸隠』㈠〈続神道大系神社編〉二〇〇一年）二九二頁。
（13）同前、三〇八頁。

(14) 同前、三〇八頁。『金光明経』引用部は、『大正新修大蔵経』一六、三三六頁中。
(15) 同前、三〇八～三〇九頁。『摩訶止観』引用部は、『大正新修大蔵経』四六、一三頁上～中。
(16) 湛然『止観輔行伝弘決』には、一二の魔王が仏に帰依し夢王となる経緯が示されている。『大正新修大蔵経』四六、一八九頁上～中。
(17) 註(7)五七九頁。「信相」という表記には教学的背景があり、なぜ霊空が「神相」としたか疑問。例ば吉蔵『金光明経疏』では信相菩薩について「理において決定、故に名づけて信と為す」と説明する(『大正新修大蔵経』三九、一六一頁下～一六二頁上)。
(18) 註(6)拙稿。
(19) 一宗を代表して寺社奉行への窓口となる職務。寛永二十年(一六四三)に晃海が任命され、以後寛永寺の有力院家二、三名が交代で務めた。宇高良哲「天台宗触頭寛永寺執当譜年次考」(同『近世関東仏教史の研究』文化書院、一九九九年)参照。
(20) 上杉文秀『日本天台史』別冊(破塵閣、一九三五年)八九一頁。
(21) 七母女天には、大日経疏系と理趣釈系の二系統があるが、ここでは問われない。
(22) 註(20)上杉著作、八九一～八九二頁。
(23) 成立期の徳川公儀が神社や祈禱仏教系の寺院に国家安泰の祈禱を命じ、それが寺社の役として慶長七年から寛文期にかけて制度的に確定したことが指摘されている。長谷川成一「近世北奥大名と寺社」(『日本近世史論叢』上巻所収)参照。
(24) 唐代に一行(六八三～七二七)が著し、智儼・温古等が再治した書。引用部分は、『続蔵経』第一輯第一編第三六套第四冊三八九丁表。
(25) 註(20)上杉著作八九四頁。
(26) 唐代に善無畏(六三七～七三五)の講説を一行が筆録し解説を加えた書。引用部分は『大正新修大蔵経』三九、六三四頁中。
(27) 『大正新修大蔵経』一八、一八頁中。
(28) 鷲尾順敬編『日本思想闘諍史料』一(名著刊行会、一九六九年)四一九頁。
(29) 『日本書記』(上)〈日本古典文学大系67〉(岩波書店、一九六七年)二四一頁。
(30) 鎮花祭、北野御霊会、祇園御霊会から吉田社の疫神祭に到るまで、この種の神観念は見られないようである。
(31) 『本光国師日記』元和二年四月十六日条。
(32) 『久能山叢書』二(久能山東照宮社務所、一九七二年)五七九頁。
(33) 註(4)『上野・下野国』下野国一三二頁。
(34) 比叡山横川鶏足院の住侶。生没年は不詳だが、延宝～元禄期に活躍。数多くの筆写本が残されている(「横河堂舎並各坊世譜」『天台宗全書』二四、第一書房、一九七五年、一六七頁)。
(35) 天保二年(一八三一)豪実写本(叡山文庫蔵)。
(36) 『禁中御八講略記』(叡山文庫蔵)には、まだ毘沙門堂門跡だった時代の公弁が、貞享三年(一六八六)の朝廷での法華八講の役僧に覚深を起用した記録がある。また、輪王寺門跡となった後も公弁が親しく交際していたことは、例えば伊藤仁斎を招いての私的な詩作会にも、覚深が加わっている様子から窺える(『天台霞標』「桐壺牡丹詩」、仏書刊行会編『大日本仏教全書』一二六、一九一四年、二一〇～二一一頁)。

(37)　以上の主張は、註(1)三崎論文から。

(38)　『堯恭法親王日記』享保十七年三月二十一日条(『妙法院史料』四、吉川弘文館、一九七九年、一三頁以下)参照。なお、乗因は妙法院の玄旨帰命壇の存在を知っていたらしい。『金剛幢』には、堯恕法親王を「玄旨ノ学匠」と讃仰する記述が見られる(註(12)『戸隠』㈠、三二一頁)。

(39)　註(1)三崎論文参照。

(40)　堯恕の事績については、村山修一「妙法院門跡堯恕法親王とその時代」(『史林』五六―四、一九七三年)が詳しい。同『皇族寺院変革史』(塙書房、二〇〇〇年)近世編第二部も参照。

(41)　註(20)上杉著作、八六一～四頁。

(42)　註(38)の『日記』には、享保期に到っても確実に「工案工夫」の存在したことが記されている。また註(1)三崎論文に見られるように、霊元上皇が摩多羅神画像の裏に記した文には「此摩多羅神者、天台宗顕教正脈玄旨灌頂本尊也」と、智顗以来の「正脈」伝承を志向する意識が見られる。さらに堯恕に即していえば、彼は貞享四年に復興された大嘗祭を「凡神事禁二僧尼一者、天竺之法ニ而非二日本国俗一禁レ之也。今度(目隠しの紙を)張二僧尼ノ絵一、賢聖ノ障子以下唐人人形ノ有レ之絵ヲ不レ張ハ何事ソ。有髪者ハ皆日本之風俗歟」(『堯恕法親王日記』十月二十八日条)という形で批判することから知られるように、中世以来の習合的仏神観を保持していた。この点も、当時の妙法院の伝統重視の姿勢を示しているように思われる。

(43)　その他にも各地に摩多羅神信仰が存在していなかったわけでは無い(例―毛越寺)が、体系的な教学を基盤としていた点で、この二寺は別格と考えられる。

(44)　註(42)参照。

補論　日光三所権現と東照三所権現

はじめに

宗教の実態を、当該地域に即して解明していくのは一つの方法ではあるが、一方、地域の内情に限定せず、国家権力や体制との関係から問題を考察することも、かえって実態解明の有効な一手段であるように思われる。国家神道以前では、日光東照宮こそが、国家権力を体現する体制的宗教の典型であった。そこで以下、東照宮の創設による祭神の性格変化に注目して、日光の在地信仰のあり様を考える手がかりを求めていきたい。

一　中世の日光権現

日光の祭神(男体山＝新宮、女峰山＝瀧尾、太郎山＝本宮)について、大己貴命・田心姫命・味耜高彦根命の三神に比定する説がある。(1)記紀神話を意識したこうした説は後代のものとしても、(2)男女二神と御子神の組み合せ自体は、優に中世まで遡らせ得るようである。例えば『補陀落山建立修行日記』には「一人は天女の如し、其の姿端厳花麗、王冠瓔珞を以て身を飾る、歳卅有余、一人は束帯に笏を把る、衣冠直にして威儀端厳、年五十有余、髪は黒白半ばなり、一人は狩衣白袴を着し武具を負ふ、形貌鮮白、歳十五六許なり」という記述が見られる。(3)実際、たびたび「三所権現御影」の板額が奉納されており、(4)また至徳元年（一三八四）の奥書を持つ『日光山縁起』実川本でも、主人公とその妻子が三所権現と現れたと説くことから、遅くとも南北朝期には日光の祭神がこの三神（日光三所権現）に定着していたと思われる。そして三神の基本的性格は、狩猟神であったであろう。(5)

狩猟の神としては諏訪がよく知られている。諏訪上社の大祝は前宮に鹿頭・串刺兎・魚鳥等を供えるのを勤めとした（御頭祭）が、日光も同様「狩人鹿の頭を備へ祭物にす」という性格を持っていた。(6)また、既出『日光山縁起』の主人公は前世では貧しい猟師で、狩猟により「貧窮のものをたすけん」ために世に現れ、狩猟の友である鷹や犬を「心ある事人倫にすぎたり」と感じる心を持つ姿で描かれる。そして、それらの主張が〈殺生＝罪悪〉という観念を意識した上での所産であったらしいことを考えるなら、狩猟神を戴くことには同時に中央の価値観への対抗意識――反王権の傾向――を予想することができるのである。

実際、日光はしばしば中央に対抗的な動向を示した地として知られている。十三世紀以降の日光は関東各地の豪族の子弟のための房が立ち並び、一山の指導的立場の多くは彼らによって占められた。ところで特に室町期、関東に派遣された足利一族はその地の豪族と結びつきを強め、しばしば京の将軍と対抗する動きを見せた。また日光に対しては、持氏期（応永年間）を理想視する『鎌倉年中行事』に「勝長寿院之御門主」として日光山別当が登場し鶴岡八幡と並び重視されているように、(7)鎌倉府体制の精神的主柱の位置を与えていた。その結果日光一山は、鎌倉府に親和的である一方、ともすれば中央に対し厳しく対峙したのである。持氏・成氏の代に日光が、彼ら「鎌倉公方」の私年号を用いたのはその端的な例である。(8)

こうした狩猟神・東国の神という属性は、中世日光の祭神の基本的な性格と考えられ、それはまた在地の豪族たちの志向に連なるものであったと思われる。狩猟に関連して、武神としての側面も認められた。(9)次に、それらが近世的権力の誕生によってどう変化していったかを見ていくこととしたい。

二　東照三所権現の成立と日光権現

元和三年(一六一七)の東照権現の鎮坐に伴う日光祭神の変化を、二つの点から考えてみたい。一つは摩多羅神との関係、もう一つは祟り神としての示現である。

第一の点について。徳川公儀は家康を日光に祀るにあたり、他に山王権現・摩多羅神を選び並祀した。これを「東照三所権現」と呼称する。それがごく初期からの祭神の構想であったことは、『元寛日記』などの、東照社造立時に山王・摩多羅両神の神輿が運びこまれた記事から確認できる(10)。そして、日光から勧請した江戸城紅葉山東照宮についての『東照社縁起』の記述には、「掛けまくも忝なき東照大権現、同体異名の山王・日光」の句が見られる(11)。ここから東照三所権現の構成では、摩多羅神が日光権現と呼ばれていることが分かる。

そもそも摩多羅神とは本地を阿弥陀如来とし、天台系寺院の常行堂に祀られた神である。中世の日光でも、一山中心の常行堂で催された修正法会の次第に摩多羅神が登場し、また法会で唱えられる「倶舎頌」には「帰命頂礼摩多羅神、今日より我等を捨てずして、生々世々に擁護して」の句が見られる(12)。このように以前から祀られてはいたものの、この摩多羅神を「日光権現」と呼称した例は、管見の限り近世まで見られない。

では摩多羅神が「日光権現」と同体視されるに到ったのは何故か。羅山「二荒山神伝」の末尾には、日光の神の説明に続き頼朝の神領等寄進の記事があり、その後に「又た一宇を創して摩多羅神の像を置く……文永・弘安の間、異賊来り襲ふ、詔してこれに祈請す」「青史公曰く、嗚呼、二荒山の神は、神か仏か」と続く(13)。これは読み方によっては日光権現＝摩多羅神とも解釈できることから、その種の見方が中世末に現れた可能性を推測させる。現在のところ、その可否を判断する材料は乏しい。ただ、摩多羅神が天台口伝法門の中でも檀那流玄旨灌頂の本尊であったことを考えるなら、最終的には、東照三所権現を体系化する際の中核で同時に檀那流の相伝を受けていた人物―天海（一五三六～一六四三）―の存在が浮かび上がる。日光権現（本来男体山の狩猟神）が摩多羅神に取って替わられた経緯については、天海の周辺に目配りしつつ、なお今後の事情解明が待たれるのである。

第二に、本来の日光三所権現はどう扱われるようになったか。この点について示唆的なのが、鶏足院覚深『瀧尾権現霊託記』の記述である(14)。同書は寛文七年（一六六七）に東叡山檀那院の胤海僧正に提出された霊異譚で、撰者覚深自身の体験を綴る記述形態をとる。おおよその内容は、寛文七年に叡山鶏頭院山舜の下僕が、瀧尾権現境内の神木（三本杉）を見、噂ほどの大木でないと嘲笑したところ、杉の霊が祟り下僕に取り付き、身体が赤く腫れあがった、そこで覚深が杉の霊を取り除くため奮闘し、ついにもとの杉に戻すことに成功し下僕を蘇生させる、という話である。ところで注目したいのは、この杉の霊が、実は瀧尾権現であったという記述である。以下覚深と権現の会話を追うことで、そのことの意味するところを考えていきたい。

下僕の異常を聞きつけて駆けつけた覚深は、加持祈禱により取り付いた霊を調伏する。苦しむ霊は言葉を発し、自ら道祖神と名乗り、下僕の神木への無礼に怒ったのだという。さらに覚深が退散を命じ、多少のやりとりの後、自分は実は「仏体」で和光同塵のため神の姿を現すと述べる。その後時間を経て問答再開の後、霊は神木の杉の傍らに自分の移るべき石碑を整え「障三百大荒神」と書くことを指示する。「障三百」とはあまりに俗ではないかという覚深の言に対して、霊は「俗語に非れば愚昧の者之れを解せず」と答える。こうした会話には、機根の劣る者はそれに相応した神で導くという、本地垂迹説に基づく神観念が窺える。

さらに続けて、霊は自らが「女体中宮」であることを告げる。覚深の（女体中宮＝瀧尾は阿弥陀如来の垂迹なので）阿弥陀如来は十悪五逆の非道の者まで救うというのに、霊はどうして卑しい小者などを苦しめるのか、という不審の問いに対し、霊は「本地の時は、公が言の如し、垂迹の日は然に非ず」と答え、自己を垂迹神の分際に限定する。たたみかけての覚深の問い「天台の意は、本迹殊なれりと雖も、不思議の一なり、何ぞ利物に於て異なること有らんか」に対しては、霊は黙然として答え無しと記される。ここでも従来の本迹一体の伝統に対し異なる解釈が見られる。

また霊は、「卑奴が命を取らんと欲」した、「女体なるが故に執心去り難し」とも述べる。覚深が「男女の別は是れ迷情の事なり、神は是れ本地の月朗らかにして外用の恵光曇ること無し、たとひ女体の相を現わすと雖も何の執心か有らんか」と質すのに対しても、「本地の日は然りと雖も、垂迹の時、女体を現ずるとき、則ち亦た執心有るのみ」と、あくまで垂迹神の劣機にとどまることを主張する。このように霊（＝瀧尾権現）は、煩悩を断じることのできない祟り神として造型されているのである。祟り神と守護神が一体であること自体は、古代以来の伝統的神観念であり、瀧尾権現はその範囲で認識されていた。

以上の点から、覚深の段階で日光三所権現は、妄執により祟りをなし、一僧侶に調伏され執心を解かれる存在と見なされていたことが確認できる(15)。垂迹神としての位置づけ自体は中世と同様であるものの、本地仏との一体性を否定されたといえる。そうした神の姿は結果として、完全に本地仏と一体化した東照三所(16)の下風に立たされたものといえるのではないか。そして、『瀧尾権現霊託記』が寛永寺に送られ後には霊元天皇にも奏上されたといわれることから、それは当時の支配体制に認識された像であったといえるだろう。

おわりに

中世の日光権現が、近世に蒙った扱いの一端を明らかにした。鶏足院覚深が一方で『摩多羅神行要記』を著し摩多羅神祭祀の重要性を説き、一方で近世天台教団の中核に連なっていた(最後は大僧正に到る)事実[17]は、指摘した日光祭神の近世の二つの動向の内的連関を、結果として示していたといえるかもしれない。こうした体制側の志向に対し、在地の信仰がいかなる対応を示したか、とりわけ中世の日光に見られた狩猟神や武神の側面がどう継承されたかは魅力的な検討課題に思われる。与えられたテーマに対し、提示し得た事実の少なさ、今後の課題の多さを恥じつつ、以上をもって問題提起に代えたい。

註

(1) 植田孟縉『日光山志』一(『日光山志』〈版本地誌大系十一〉臨川書店、一九九六年)など。

(2) 和歌森太郎「日光修験の成立」(初出一九六九年、『和歌森太郎著作集』二、弘文堂、一九八〇年再録)。

(3) 神道大系編纂会編/菅原信海校注『日光・二荒山』〈神道大系神社編三十一〉(一九八五年)一四頁。

(4) 『日光市史』上巻(日光市、一九七九年)九二六頁によると、現存するものでは正和二年(一三一三)が最古という。

(5) 伊藤喜良氏は東国の寺社縁起に「動物を殺すことに……罪悪観がみられない」と述べるが(同『日本中世の王権と権威』思文閣出版、一九九三年、Ⅱ第二章)、『日光山縁起』では実川本以外はそれは該当しない(拙稿「『日光山縁起』と東国の「仏教」」、初出一九九一年、『徳川家康神格化への道』吉川弘文館、一九九六年に再録)。また、『諏訪大明神画詞』に殺生＝罪業観も見られることを吉原健雄「『諏訪大明神画詞』試論」（『日本思想史研究』二三、一九九一年）が指摘している。

（6）『続古事談』第四（『古事談・続古事談』〈新日本古典文学大系四十一〉岩波書店、二〇〇五年、七三四頁）。

（7）『日本庶民生活史料集成』二三（三一書房、一九八一年）。

（8）浅沼徳久「室町時代における日光山の私年号使用」（『古文書研究』一二、一九七八年）、前掲『日光市史』上巻、九五六頁以下、阿部浩一『戦国期の徳政と地域社会』（吉川弘文館、二〇〇一年）、久保常晴『日本私年号の研究』（吉川弘文館、二〇一二年）など。

（9）弘安四年（一二八一）の異国降伏祈禱において勤仕したと伝えられる。羅山「二荒山神伝」には、神が矢を飛ばし蒙古を討った話を収録する。

（10）史籍研究会編『朝野旧聞裒藁』〈内閣文庫所蔵史籍叢刊〉一九（汲古書院、一九八四年）八五六〜八五八頁参照。

（11）神道大系編纂会編／西垣晴次・小林一成校注『上野・下野国』〈神道大系神社編二十五〉（一九九二年）下野国一三二頁。

（12）「日光山延年史料」所収（『日本庶民文化史料集成』二、三一書房、一九七四年、三〇四頁）。

（13）『林羅山文集』上巻（ぺりかん社、一九七九年）四一五頁。

（14）註（3）『日光・二荒山』も収録するが、より古い底本による翻刻が、山澤学「〈史料を読む〉「滝尾権現霊託記」覚書」（『日本史学集録』一九、一九九六年）に収録される。

（15）初出時に「垂迹の境地にとどまる瀧尾に対し、東照三所は隔絶した存在とされる。覚深が「（東照権現の）其の神威如何を知らず」と尋ねたのに対し、霊は「威光尤も目出たし」と答え、また国家鎮護の様子が讃えられている。これらの記述から覚深は、東照三所権現を本地の位相に接近させて捉えていたのに対し、瀧尾、ひいては日光三所権現を垂迹神の分際に限定して認識していたことが考えられる」と記したが、その後註(14)山澤文献により、該当部分は後世の付加であるとされたことから、覚深の認識とするべきではない。なお近世の滝尾の様子について、林謙介・皆川義孝「「滝尾古今図」について」(『歴史と文化』一一、二〇〇二年)が資料紹介している。

(16) 天海『東照社縁起』上巻で山王権現が本地仏と一体化した存在と見なされていること、同下巻で山王と同体と見なされた結果、東照権現・日光権現も仏と一体と見なし得ることは、拙著『徳川家康神格化への道』(吉川弘文館、一九九六)第三部第三章など参照。

(17) 拙稿「禁じられた信仰」(初出一九九二年、本書第五章に収録)。

第六章　霊宗神道説の広がり

はじめに

乗因は自らの神道説を「修験一実霊宗神道」の語で表現した。このうち、「修験」は即伝などの流れを汲む戸隠修験、「一実」は天海以来の山王一実神道の継承を主張するもので、比較的理解しやすい。それに対し「霊宗」は、『大成経』との関係で考えられているが、関連する思想家が乏しく、教理をイメージすることが困難である。したがって、乗因の思想史上の位置について考える際に、「修験」や「一実」もさることながら、「霊宗」の概念解明を進めることが、より全体像を理解しやすくする鍵になるのではないか。本章ではそうした問題意識から、乗因をも含む、霊宗神道の思想潮流についての概観を試みたい。

本書冒頭でも述べた通り、『大成経』と乗因関係書以外に「霊宗神道」を主張した著作は乏しい。しかし検討を試みるなら、多少の広がりが確認できる。以下、乗因活動期の前後の段階に分け、霊宗神道説の形成や広がりをたどることで、乗因の思想史的な位置を考えていきたい。

一　吉田神道における「霊宗」

管見の限り、「霊宗」の語が用いられた著名な資料のうち比較的成立が古いものとして、吉田神道書が挙げられる。吉田神道の開祖として知られる吉田兼倶（一四三五～一五一一）の代表的な著作『唯一神道名法要集』には、神道の区分を説く箇所があり、その中で「霊宗」の語が現われる。まず前提となる、神道の区分を説明する箇所を挙げる。

【資料一】吉田兼倶『唯一神道名法要集』自筆本

問、神道トハ者、有ル二幾ク分別スル子細一哉。

答、一ニハ者、本迹縁起ノ神道、二ニハ者、両部習合ノ神道、三ニハ者、元本宗源ノ神道、故ニ是ヲ云二三種ノ神道一ト。

……

問、元本宗源ノ神道トハ者、何哉。

答、元者、明二陰陽不測之元元一ヲ、本者、明二一念未生之本本一ヲ、……

問、宗源者、何哉。

答、宗トハ者、明二一気未分之元神一ヲ、故帰二ス万法純一之元初一ニ、是ヲ云レ宗。源トハ者、明二和光同塵之神化一ヲ、故開二ク一切利物之本基一ヲ、是ヲ云レ源。故頌曰、宗ト万法帰レ一ニ、諸縁開レ基、吾国、開闢以来、唯一神道是也。[1]

ここでは、神道を「本迹縁起」「両部習合」「元本宗源」の三種類に分類する。そのうち前二者については、土俗信仰や仏教の影響下にある下等な宗教と見なす（中略部分）。それに対し「元本宗源」の神道には、両者と異なる本来性が認められる点を、四つの漢字ごとに説明している。

まず、「元」は「陰陽不測の元々」、「本」は「一念未生の本々」を明らかにするという。この議論を理解するための前提として、世の中の存在は本来一体であったが、しだいに分化し個別性を持った、分化することは不完全さを増すことと等しく、われわれが目指すべきは原初の一体化した状態（境地）である、という考え方がある。それを踏まえて、本来一体であった「元」や「本」に高い価値を付与するのである。

次に「宗」については、「一気未分の元神を明し、ゆえに万法純一の元初に帰す」と説明する。ここにおいても、原初の状態が志向されている。最後に「源」について、「和光同塵の神化を明し、ゆえに一切利物の本基を開く」という。ここでも、本来の状態を志向すること自体は変わらないのだが、多少の解釈が付け加えられている。まず、「光を和らげ塵に同じうす」という『老子』に由来し『摩訶止観』によって広まった語句（人々を救済するため、本来の高い境地から人々と同じ境地にへりくだるの意）を示すことで、本来の姿を変化させたのは宗教的な心意にあり、同様に元の姿に導くことも「利物」（人々に利益を与え救う意）の行為であると説く。本来のあり方を明らかにするのも、人々の救済を念頭に置く行為であるという。そうであるからこそ、「元本宗源」の神道は、前二者が及ばない神道である、というのであろう。

こうした前提に立ち、「霊宗」の語が使われた。

【資料二】同前

問、二字（筆者注：「神道」）ノ義トハ者、何謂哉。

答、神トハ者、天地万物之霊宗也、故ニ謂二陰陽不測一ト。道トハ者、一切万行之起源也、故ニ謂三道非二ト常ノ道一ニ。
惣シテ而器界生界、有心無心、有気無気、莫レ非二吾カ神道一ニ(2)。

「神道」の語の解釈をする際に、二つの漢字それぞれについて説明がなされた。まず「神」、ついで「道」であるが、前者の説明として「霊宗」の語が用いられる。神とは天地万物の「霊宗」であるというのであるが、この場合の「霊」は「はかり知ることのできない不可思議な働き」、宗は「物事の起こり」といった、漢字本来の意味で理解すべきであろう。実際に、当時の知識人世界の中で意識された「霊宗」の用例を一つ挙げる。

【資料三】 吉蔵『浄名玄論』巻第一（原漢文）

不二を失ふを以ての故に二見起く、斯の二見に由り不二を纏い裹み、不二の道現前することを得ず。故に此の二見、不二の胎と為す。また不二の道、二見に隠るるを如来蔵と名づく。涅槃また無明と為すと称すは、胎と蔵と義殊なれども体一なり。

難じて曰く、斯れすなわち旧轍に由来す。何となれば謂ふに則ち霊宗と曰ふ。

答ふ、隠顕の説、親しく聖口を経る、斯の言異なるべからず、其の意同じかるべからず(3)。

仏教では物事は常に存在する（＝常見）と物事は常に存在しない（＝断見）を「二見」と称し、それぞれ「有」と「無」にとらわれており、共に誤りとする。ここでは「有無」が「不二」（相対的に異なるように見えているだけで、絶対的には一つのことの二面）であるということの説明が展開する中で、あるものを「霊宗」と見なす立場からの反論が示される（「難じて曰く」の部分）。相対的に一体（不二）であっても、絶対的なものごと（霊妙なはじまり）もあり得るのではという反論である。結局その論は否定される（仏が相手に応じて説いたさまざまな説の一つに過ぎない）。いずれにしても、「霊宗」が漢字本来の意味を踏まえ用いられていたことが確認できる。ちなみに「宗源」についても、例えば湛然『止観輔行伝弘決』巻第十之二に「今人他に引く所の経論を信じ、謂ひて憑ること有りと為す。宗源を尋ねず謬誤何ぞ甚だし」[4]（原漢文）とあるように、「宗」「源」の本来の意味を踏まえて理解されていたと考えられる。

「宗源」にしても「霊宗」にしても、当時の哲学用語は仏教に由来するものが大半であった。朱子学でさえ、中国において禅仏教の影響をうけつつ形成された面があるともいわれる。そうした中で吉田兼倶は、世界の根源・始原を基礎とする哲学体系を構築するため、神道の三分類を試みる中で、最上級の神道に「宗源神道」の名称を与えた。その時点の「霊宗」は、「宗源」の説明のために使われた用語であった。

吉田神道書に見える「宗源」「霊宗」の語が、どのように後代に影響を与えたかは今後の検討課題であるが、『唯一神道名法要集』は同時代以降の思想家たちが多く参照したと考えられること、管見の限り他に「霊宗」の語の使用例が確認できないことから、霊宗神道の前史として認識しておきたい。

二　『大成経』における霊宗神道説

乗因にも影響を与えた『大成経』は、吉田神道説を踏まえつつ、その排仏的傾向に反発し対抗したことが知られている。吉田神道と同様に神道を三種に分類しながらも、吉田神道説で最上の位置を与えられた「宗源神道」に勝るとも劣らない二つの神道――斎元・霊宗――を提示した。すでに本書第二章で触れた内容と重なるが、行論の都合で要点だけ触れておきたい。『大成経』の中のいくつかの箇所で、三種の神道が定義されている。

【資料四】『大成経』神代皇代大成経序（原漢文）

……経教本紀は、壱つ心は無為、五つ心は天の命の道。宗源の総道は吾れ異と一つに通へる地、斎元の別道は吾が国独り勝なる旨、霊宗は道の本つ心を合せて心を明にするの趣。習を学び極を要して、善を讃め悪を誹るの名、尭《ママ》道寓を嫌ひ王仁が寓解の差を明かす。[5]

ここでは、神道の三分類とおのおのの特質が説かれている。「宗源」は日本国・異国に共通する普遍的な法、「斎元」は日本独自の優れた法、「霊宗」ではそうした法の本源に遡り心を明らかにする、という。具体的な例として、仁徳天皇の異母弟の菟道稚郎子が、兄と互いに皇位を譲り合い、ついに天皇とならなかったという故事を挙げ、善なる神道の価値感を示している。

【資料五】『大成経』序伝（原漢文）

宗源は、これ神道の理極、王道のこの中に在り、これ天の物梁の命の伝ふるところなり。斎元は、また王道の事極、神道この中に在り、これ天の太魂の命の伝ふるところなり。霊宗は、神道・王道の束法、これ万典の憑拠たり、これ天の思兼の命の伝ふるところなり。この三伝は神者の鼎の足、神乗の天台なり、いまだかつて後人狼改することを獲ず。[6]

別の箇所では、違った記述で神道の三分類が説明される。宗源は神道の「理」の究極で王道、斎元は王道の「事」の究極で神道、霊宗は両者を束ねるもの、と三つの関係が説かれる。いずれにしても、「宗源」他の三神道は、対立的というより相互補完的で、おのおの重点の置き方が異なるものの決して別物ではないことが理解されるのである。『大成経』の中にはこのように、異なる箇所で異なる説明によって、三つの神道が説明される。次に掲げるのも三神道を説明する箇所で、すでに先学が指摘し、解説を加えている(7)。

【資料六】『大成経』巻第二先天本紀（原漢文、傍線筆者）

天孫天日子炎珠尊
天妃木花開哉姫命
天日子光《ママ》珠尊は木徳神、東宮を主どり、日月を間に出し陰陽の気を和らげ、風木運を成し天地に気を通ず。木は五菓を成し、草は五穀を成し、草木大いに養ひ能く世間を建つ。或ひは此の神無くんば、則ち世立たず、今斎元と為す。天祖の詔を奉じ、魂を下地に降し、八縁国に降臨し、西辺の日向に在りて、東中の諸州を持つ、万国魂地に王たり、万霊魂に君と作り、今魂国の位、諸国位に当たる。これに由りこの後百万歳の時、天祖天王に勅して人を西国に産み、仍ちこれを人国と謂ふ。又た鬼祇に勅して北国生を産み、これを魔国と謂ふ。又た獣祇に勅して東国生を産み、これを獣国と謂ふ。又た龍神に勅して南国生を産み、これを蛇国と謂ふ。只だ吾が瑞朗中国は帝孫降臨して胤を嗣ぎ、天神・地祇・聖仙悉く集会し住託するなり。この時天王の児に三神有り、聖仙なり。天道の法を伝へ天孫の尊に事へ、天道を以て地憲と為し神理を以て人常と為す、これを宗源と謂ひこれを斎元と謂ひ又たこれ霊宗と謂ふ。無為に住りて諸事無く、元極に住りて諸欲無し、これいわゆる宗源なり。日化に住りて諸私無く、祚道に住りて諸叛無し、これいわゆる斎元なり。真心に住りて諸妄無く、性行に住りて諸恣無し、これいわゆる霊宗なり。三道立ちて君君たり、三道行はれ臣臣たり、君臣の徳立ち天下泰平、君臣の功行はれ社稷長久、万民を修治し生涯を安泰にし、底根を零落せず能く天上に帰昇す、これ吾が皇天道帝の神教なるのみ。これ三部の道を立つ、その行ひの象なり。(8)

右の記述の傍線部について、すでに「三道ともに君臣の義を明らかにして、天下泰平、社稷長久等に資するものということであろう。ここでは宗源以下の三道は「吾皇天道帝神教」として示される「道」の精神的なありようという意味合が認められる」との指摘がある。それを認めた上で前後の記述を見るなら、人国・魔国・獣国・蛇国に囲まれた「吾が……中国」においてのみ、三道が伝わり理想的な統治が行われるという世界観が窺える。『大成経』における三神道説(宗源・斎元・霊宗)について、三箇所の記述を確認した。そこには日本の外国に対する独自性を前提として、三つの神道が相互補完的に理想的な統治を支え、その根幹に天皇(皇統)の存在を認める意識が確認されるのである。

三　神道説の二系統

こうした三神道説の位置づけについて、ある傾向を持つ所説のあったことが知られており、そこに『大成経』受容者の間にも異なる思想集団が併存していた様子が想像できるようだ。次に示すのは、江戸時代前期に活動した禅僧の徳翁良高(一六四九～一七〇九)の著作の記述である。

【資料七】 徳翁良高『神秘壺中天』第五神祇本紀

爰ニ大切ノ事アリ。高皇産霊命三人ノ物知リ神ニ向テ云、内侍所ハ鏡也、神璽ハ珠ナリ、宝剣ノ三種ヲ榊ニ掛タル意如何。

天物梁命答云、鏡ハ円キモノ也、天モ丸キモノナリ、故ニ上置也。剣ハカド有ルモノナリ、故ニ下ニ置也。璽ハ明カニシテイツクシミ有リ、人ノ心ニ表スルナリ。人ハ天地ノ間ニハサマレテシカモ慈アルモノナリ、故ニ中ニ置ナリ、天地人ノ三才ヲ表セリ。如レ此シテ天地ヲ治メタラバ能ク治ラン程ニ出給ヘト云フ心ナリ。如レ上ノ通リヲ宗源神道ト云、卜部氏伝レ之也。一云、中臣・大中臣・藤原・吉田家等皆此神ノ末流也。今ハ是ノミ伝ハル、顕密禅ノ内ニハ顕教ノ如シ。

天ノ太玉命ノ云、鏡ハ天神七代ノ内第二ノ神造リ玉フ故ニ上ニ置、珠ヲハ第三ノ神造リ玉ヘル故ニ其次ニ置ク、剣ハ第四ノ神造リ玉ヘル故ニ又其次ニ置ク也、上ミニヲルベキモノハ上ミタリ、下モニヲルベキモノハ下モタリ、君ハ君臣ハ臣ノ位ニ居シテ其位カハラヌヲ表トスルナリ。如レ此シタラバ天地治ッテ千代カハラヌ、万代タガハザル程ニ出玉ヘト云フ心ナリ。如レ上通リヲ斉元ノ神道ト云、斉部氏伝レ之。残リ二タ通リノ神道ハ、日本ノミナラズ支・竺ニモ通ズ。此神道ノミ、日本別道ナリ。故ニ顕密禅ノ中ニハ法身密教ノ如シ。私ニ曰ク、日本ノ神ノ事ナル故異国ニ通セヌカ。

天思兼命云、鏡ハ善悪是非ヲ分明ニ照ス智慧ノ如シ、故ニ上ニ置。外ニ智慧アリテ中ニ慈悲ナケレバ役ニタ、ヌ故ニ、珠ハ人見テモイツクシミ生ジテ仁ヲ含メリ、慈悲ノ道具ハル也。物ヲ恵ム道理ナル故ニ、中ニ置。剣ハ悪邪ヲ治ムル道チ具ハル也、勇也。ハツキトシタ勇ガ無レバ世ガ治ラヌ、然レドモ其勇首メヨリ出シテツヨスギヌレバ、服狭雄ノ如クニシテ悪フンジツト下タニ治テアレバ、自然ニ其威アリテ人モ恐レ世モ治マル也、故ニ下ニ置。如レ是心ノ中ニ智仁勇ノ三徳ヲ具シタランニハ、天地モヨク治マル程ニ出玉ヘト云フ心ナリ。如レ上ノ通リヲ霊宗ノ神道ト云、吾道氏伝レ之。智仁勇ノ三ツハ心性ノサタ故、顕密禅ノ内ニハ禅法ノ如シ。此書、大剛神道ノ要ハ、三部ノコト前ノ五鎮ノコト肝要ナリ[9]。

すでに指摘のある通り、ここに記されるのは、神道の三道に対し、それぞれ所伝の神と氏系、そして仏教の顕密禅を配当させていることである。整理するなら次の通りとなる。

宗源＝天物梁命＝卜部氏所伝＝顕教
斎元＝天太玉命＝斎部氏所伝＝密教
霊宗＝天思兼命＝吾道氏所伝＝禅宗

『神秘壷中天』における三種の相互関係が、『大成経』に比較して明確な性格づけのなされていること、しかしこのような仏教の顕密禅に対応させる説は『大成経』本文に見られないことも、指摘のある通りである。

徳翁は、自身は曹洞禅に所属し加賀国の大乗寺などの住職をつとめる一方、黄檗僧の潮音道海に師事した時期を持ち、神道家の長野釆女とも交流があった。彼らから『大成経』の内容を伝えられたとしても、驚くには当たらない。しかも、徳翁の説く「顕密禅」の枠組みも、すでに潮音の著作に存在することから、両者の交流の中で伝わったと考えられる。

【資料八】潮音道海『指月夜話』巻一「神仏一致」（原漢文）

夫れ我国の神道に且つ三部有り、一に曰はく宗源、二に曰はく斎元、三に曰はく霊宗と。宗源は万国の総道、天地の母、万物の祖なり。斎元は我国の別道、異国不倶の大正道なり。霊宗は国々の通道、宗源に通じ斎元に通じ心性に帰するなり。蓋しこの三部を以て仏道に配合する時は、則ちいはゆる宗源は顕宗に当たり、斎元は密宗に当たり、霊宗は禅宗に当たる。国異なると雖も道は以て同じ、辞異なりと雖も理はこれ斉し。苟も三道・三宗無くんば、如何んが心地を明しめ国家を治んや。(10)

潮音が説く枠組みと、壺中天のそれは一致する。しかし一方で、潮音と徳翁に共通する神道三分類説は、『大成経』本文に見られないことから、潮音の創作であるとの指摘がある。従うべきであろう。そうであるなら、そこには禅僧の立場から、三神道の中でも最も重視されがちな霊宗神道に配分することで、顕密に対する禅の優位を主張する意図が読み取れるように思われる。

四　乗因説の位置づけ

『大成経』に見られる三神道説の受容相には、「顕密禅」への配分に言及しない本来の形と、禅の優位を意識する立場という二系統が存在した。それでは乗因説は、どちらに区分されるのだろうか。乗因自身の記述によって、確認していきたい。

【資料九】乗因『戸隠大権現鎮座本紀』（原漢文）

先代旧事紀第二先天本紀に曰はく、天王の児に三神聖仙有るなり、天道法を伝へ天孫尊に事へ、天道を以て地憲とし神理を以て人常とす、これを宗源と謂ひ斎元と謂ひ、またこれ霊宗なり。無為に住りて諸事無く、元極に住りて諸欲無し、これいはゆる宗源なり。日化に住りて諸私無く、神道に住りて諸叛無し、これいわゆる斎元なり。真心に住りて諸妄無く、性行に住りて諸恣無し、これいわゆる霊宗なり。三道立ちて君君たり、三道行はれ臣臣たり、君臣の徳立ち天下泰平、君臣の功行はれ社稷長久、万民を修治し生涯を安泰にし、底根を零落せず能く天上に帰昇す、これ吾が皇天道帝の神教なり[11]、

ここに引用される内容は、資料五の『大成経』の記述とほぼ同一であることから、乗因は確実に『大成経』を見ていること、ひとまずはその所説に従っていることが確認できる。さらに他の箇所でも、同様であった。

【資料一〇】乗因『修験一実霊宗神道密記』

然ルニ戸隠ノ神道ヲ修験一実霊宗神道ト名ヅクル事ハ、神国ニ三種ノ神道アリ。一ニハ者宗源ノ神道、此ハ天児屋命ノ伝ル所ナリ。宗源ト名ル所以ハ、日本紀ニ、天児屋命者掌二神事之宗源一ト有ル故ナリ。河内ノ平岡社ヲ以テ本社トス。二者斎元神道、此ハ太玉命ノ伝ル所ナリ。斎元ト名ル所以ハ、斎部氏ノ祖神ナル故ナリ。安房ノ社ヲ以テ本社トス。旧事紀ニ、太玉命社謂二安房社一、ト見タリ。三ニハ者霊宗神道、此ハ天思兼命ノ伝ル所ナリ。霊宗ト名ル所以ハ旧事紀ニ、天思兼命天二降リ玉フ信濃国一、ト云ヒ又、天思兼命伝二霊宗ノ道一、ト云フ故ナリ。今

戸隠山、阿知社ヲ以テ本社トス。白鳳年中、役行者コノ山ニ攀ヂ登テ、霊宗神道ヲ中興セリ。役君ハ大織冠鎌足公ヨリ顕密二事ノ深秘極秘ヲ伝フ。因テ修験一実霊宗神道ト名テ是ヲ学門行者ニ伝授ス。学問行者三所権現ノ附属ヲ受テ、神宮ヲ再興シ、其レヨリ我山別当職位、血脈相承シテ、神道ノ伝授曾テ断絶ナシ。然レトモ中古濁乱ノ世ニハ……(12)

この箇所において乗因は、三神道それぞれを説明するが、所伝の神や関連文献・本社を記すにとどまり、神道の三道を仏教の顕密禅に対応させている説は見られない。資料七・八の所説からの影響は認められないといえるだろう。それどころか乗因は、霊宗神道の説明において「霊宗と名る故に、道徳経に、神は得ルレニ一以スレ霊ナルヲと云ひ、又は和光同塵と云」など、道教との内的連関に言及する。(13) ここから乗因には、潮音や徳翁ら禅僧系統に伝わった、三神道を「顕密禅」へ配当する説は伝わらなかった、あるいは受容されなかったことがいえるだろう。

五　乗因以降の動向―偏無為への注目―

前節までの内容をまとめると、次のようになる。

(一)近世前期の思想界は〈吉田＝唯一宗源神道＋儒教勢力〉と〈諸教一致的仏教勢力〉の対抗関係にあった。

(二)後者から『大成経』を捏造し広める勢力が生まれた。

(三)乗因は、『大成経』を広めた集団の中でも、禅宗派とは距離を置く。まだ天台系の枠内といっても良いかもしれない。

（四）過去の研究史で、「霊宗」は道教由来といわれることがあった。しかし検証してきたように、むしろ吉田神道に由来した可能性がある。少なくとも吉田神道を意識して作られた語である可能性を否定できない。

以上をうけて、乗因以降の霊宗神道についても多少触れておきたい。

現在の日本に存在する古典籍について、もっとも網羅的に検索できる「日本古典籍総合目録データベース」によれば[14]、書名の一部に「霊宗」を含むのは、乗因『修験一実霊宗神道密記』を除くと、次の三点である。

①実書霊宗伝／東北大学附属図書館狩野文庫所蔵
②宗原参元霊宗三部仮名／神道分類総目録による
③霊宗全書（霊宗正伝・霊宗極伝・霊宗竟伝と合四軸）／神宮文庫所蔵

このうち、②は目録に掲載されているものの、存否不明であり、今後の発見を待つのみである。①は確認したところ、③『霊宗全書』の一部（霊宗竟伝）であることが確認できた。③は作者不明であるが、作者か、そうでなくても成立に非常に影響したと考えられるのが、偏無為（依田貞鎮の号、一六八一～一七六四）である（実は②も依田の著作とされる）。

偏無為と、乗因や『大成経』との関係については、すでに何人かの先学による指摘がある[15]。しかし、それらは伝記的事実の解明に終始し、思想内容の分析に踏み込んだものは乏しい。乗因の二歳年長で、江戸郊外を主な活動拠点とした偏無為も『大成経』に強い影響をうけ、しかも乗因とは異なり、数々の『大成経』の注釈書に加え『宗原全書』『霊宗全書』『参元全書』などの体系的著作を残している。これらを分析することで偏無為の思想的位置、ひいては『大成経』の受容相の少なくとも一端が明らかになると考えられる。[16] ここでは一例として、『宗原全書』と『霊宗全書』の関係に触れておきたい。

現在、神宮文庫に所蔵される『霊宗全書』は、巻子四軸に装丁されている。おのおの巻頭書名として「霊宗全書」「霊宗正伝」「霊宗極伝」「霊宗竟伝」と記されている。現時点で比較的内容を把握できたのが、四番目の「霊宗竟伝」であるため、多少の紹介を試みる。同書は冒頭で「表心総伝」として「真心」「毒心」など心についての記述を持ち、ついで「表心別伝」として心の状態を示す図（丸に銀粉を塗り目鼻など書き加える）を連ねる。その形式を継承して、次々と「□心総伝」「□心別伝」の見出しを付け記述を進める（□には同じ漢字が入る）。列記するなら、次の通りである。

表心総伝／表心別伝／裏心総伝／裏心別伝／前心総伝／前心別伝／初心総伝／初心別伝／中心総伝／中心別伝／終心総伝／終心別伝／肉心総伝／肉心別伝／涑心総伝／涑心別伝／先心総伝／先心別伝／後心総伝／後心別伝／位心総伝／位心別伝／辞心総伝／辞心別伝／夆心総伝／夆心別伝／下心総伝／下心別伝／霊心総伝／霊心別伝／落心総伝／落心別伝／凡心総伝／凡心別伝／賢心総伝／賢心別伝／聖心総伝／聖心別伝／神心総伝／神心別伝／尊心総伝／尊心別伝／極心総伝／極心別伝（以上）

この「霊宗竟伝」と同内容と思われる書が、東北大学附属図書館狩野文庫に所蔵される『天体霊魂図説』である。同書は後欠のため、「凡心別伝」以下を欠くが、見出し等が一致する。以前、『天体霊魂図説』の史料紹介を行った

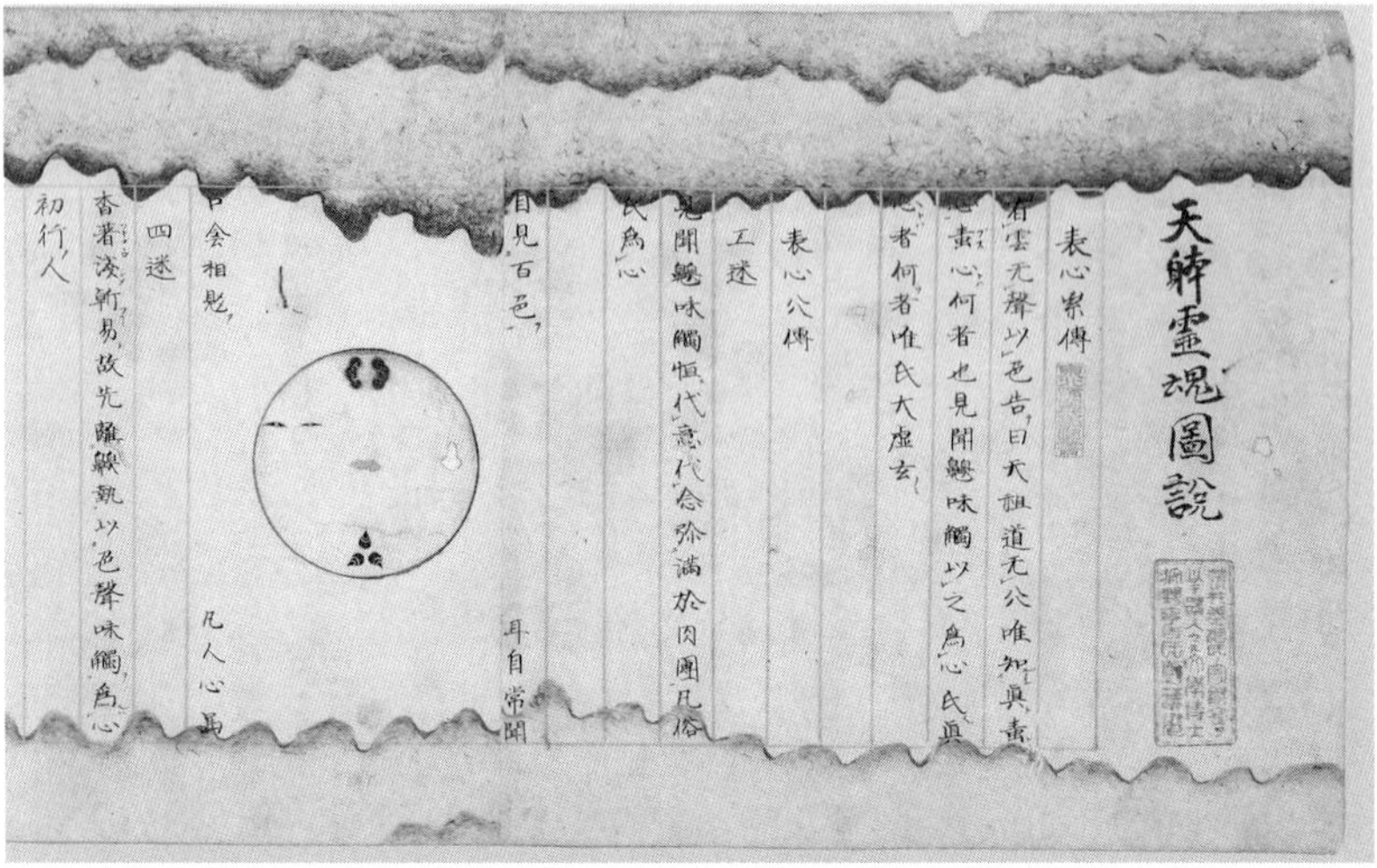

『天体霊魂図説』（東北大学附属図書館狩野文庫）冒頭部分

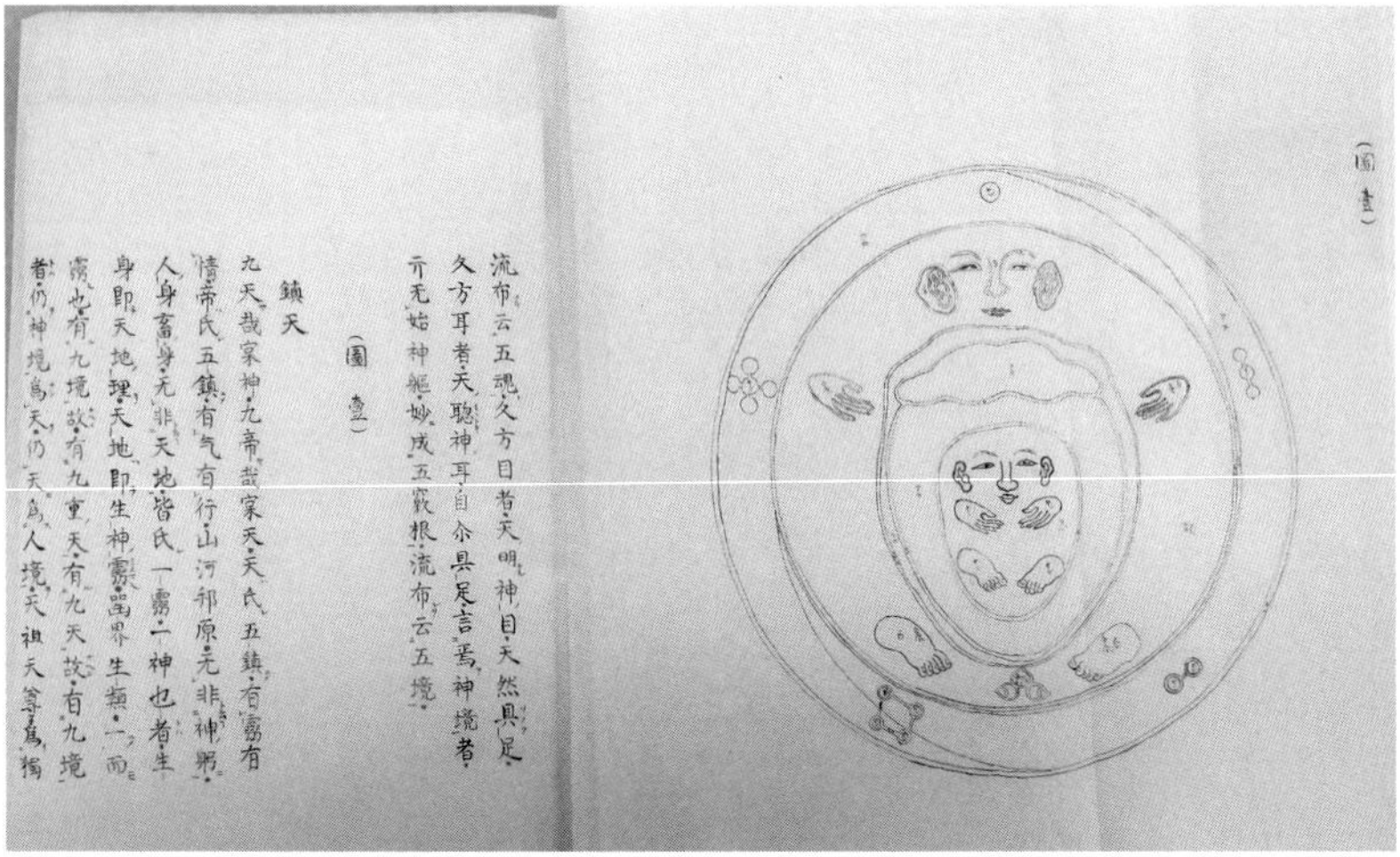

『宗原全書』のうち「宗原竟伝」の一分（東北大学附属図書館写本）

際に[17]、同書の基本的性格について、筆者は次のように記したことがある。「本書は、著者が習合神道理論にもとづき心のあるべき姿、さらには道徳を説いた書として把握される」「『大成経』の教説が普及していく際に、図を用いて視覚の面から受容をはかった点に依田貞鎮の独自性や、思想史上の役割が存在した」。それはそのまま、「霊宗竟伝」にあてはまり、あるいは『霊宗全書』全体にも該当するかもしれない。

「霊宗竟伝」と良く似た構造を持つのが『宗原全書』（東北大学附属図書館所蔵）の中の「宗原竟伝」である。見出しを列挙する。

解鎮総伝／解鎮別伝／四神総伝／四神別伝／九天総伝／九天別伝／六地総伝／六地別伝／七星総伝／七星別伝／比対総伝／比対別伝／向対総伝／向対別伝／正支総伝／正支別伝／四数総伝／四数別伝／五峯総伝／五峯別伝／二神総伝／二神別伝（以上）

内容は別であるが、説明する形式（「総伝」に続き「別伝」を記述する）が同一である。その点は「宗原全書」「宗原正伝」も一致し、さらに図を挿入して説明していく方式は『宗原全書』と『霊宗全書』全体に共通する。これらの点に、『大成経』を受容し、教説を展開させ発信していく、偏無為の知的営みを確認することができる。

おわりに

霊宗神道の広がりの中で、近世中期に活動した乗因は主要な思想家として扱われてきた。あるいは唯一に近い存在だったかもしれない。しかし本章の考察を通じ、もう一人の注目すべき思想家として偏無為の存在を再確認できた。けれども偏無為の著作は膨大で、研究史は薄い。また、ほぼ同時代の乗因との関係についても、未着手の課題として残されている。だが、近世の庶民層の信仰や思想を考える際に、両者の研究は新しい視点や材料を提供できるのではないか。なおしばらくは、そうした見通しのもと、『大成経』や霊宗神道などの検討を続けたい。

註

（1）神道大系編纂会編／西田長男校注『卜部神道(上)』〈神道大系論説編八〉（一九八五年）五五頁。
（2）同前、六三頁。
（3）『大正新修大蔵経』三八、八五九頁b。
（4）同前四六、四四〇頁b。
（5）神道大系編纂会編／小笠原春夫校注『先代旧事本紀大成経(一)』〈続神道大系論説編〉（一九九九年）一〇頁。
（6）同前、一五頁。
（7）佐藤俊晃「徳翁良高の神道思想―河野文庫所蔵『神秘壺中天』を中心に―」『宗学研究』四一、一九九九年。以下の資料六・七についても、佐藤論考に教えられることが多い。
（8）註(4)『先代旧事本紀大成経(一)』、六五～六六頁。
（9）国学院大学図書館・河野文庫六一三、四〇丁表～四一丁裏。
（10）国立国会図書館所蔵写本、第一冊・四四丁表。
（11）神道大系編纂会編／曽根原理校注『戸隠』㈠（二〇〇一年）、八九～九〇頁。

（12）同前、九四頁。なお霊宗神道の箇所の典拠として挙げられる記事のうち、「天降信濃国、阿智祝部等祖」は『先代旧事本紀』巻一、「伝霊宗道」は『大成経』巻一に確認できる。
（13）『戸隠山大権現縁起』。註（11）『戸隠』㈠、一九二頁。
（14）http://base1.nijl.ac.jp/~tkoten/（国文学研究資料館ＨＰで二〇一七年五月二十九日検索）。
（15）小笠原春夫『国儒論争の研究』（ぺりかん社、一九八八年）、フランソワ・マセ「江戸時代の政治・イデオロギー制度における神道の地位」（笠谷和比古編『公家と武家の比較文明史』思文閣出版、二〇〇五年）など。
（16）偏無為は、好学の大名や旗本と交流があり、また江戸の庶民の間にも数百名の門人があったと伝えられる。註（15）小笠原著作など参照。
（17）拙稿「狩野文庫所蔵『天体霊魂図説』について」（『東北大学附属図書館調査研究室年報』三、二〇一六年）。

あとがき

私が本格的に戸隠神社で調査を始めたのは、たぶん一九九四年（平成六）三月初頭である。当時の手帳には記述を欠くが、岩鼻通明教授（山形大学）に同行を許されたことで、故松井憲幸宮司（当時）にお目にかかり、お話を伺う機会を得たように記憶している。すでに詳細は忘却の彼方にあるものの、「ぜひ戸隠の研究を続けて下さい」と励まされたことは忘れられない。

仙台に戻った後、恵送されてきたのが『修験一実霊宗神道密記』等の謄写版のコピーだった。私はその後数年して理解したのだが、同書の原本は旧宮司久山家に秘蔵されており、乗因著作のたどった運命を考えるなら恐らく天下の孤本で、しかも一九四二年（昭和一七）の久山家火災により焼失した。同書の内容は失われ、わずかな痕跡（小林健三著作に一部写真を収録）以外は残されていないと思われていた（菅原信海氏の問い合わせに久山家はそう回答している）。ところが実際には、一九三〇年（昭和五）に東京帝国大学常盤大定教授の依頼により、地元の高等小学校長を務めていた坂井典敏氏が謄写版を作成し、常盤教授のほか

数名に配布していた。松井宮司が所有していたのも、そのうちの一つであり、この謄写版によって辛うじて同書の内容を、現在でも確認することができるのである。

その後私は、神道大系編纂会の眞壁俊信理事（当時）のご高配により、乗因関係の史料を翻刻し、続神道大系『戸隠』㈠・㈡に掲載できることになった。一九九八年（平成一〇）八月十五日、松井宮司に頂いた謄写版の史料を翻刻掲載するにあたり、ご遺族に了解を得たいと考えていた私は、何度目かの戸隠訪問を実施した。同年二月に逝去された松井宮司のご子孫に、頂いた謄写版コピーを用いて乗因著作の翻刻を公開する点について、報告しご理解を得るためである。また可能であれば、実際に謄写版を作成した坂井校長のご遺族についての情報も得て、同様のご報告等を行いたいと考えていた。

松井家が戸隠中社の近くであることは、何度かの戸隠訪問で知っていたようだ。特に事前連絡もせず伺ったのだが、ちょうどご子息の宗幸氏が在宅されていた。自己紹介をして訪問の意図を告げると、翻刻の掲載を快諾して下さっただけでなく、坂井校長の遺族の家も見当がつくので行ってみようと、車を出して送迎して下さった。宗幸氏は医療に従事するかたわら柔道の指導もされているそうで、高名な五輪選手のコーチをされた話など伺い、立派な体格に納得した記憶がある。

さて、以前松井宮司にご教示いただいた旧南小川村大字小根山の坂井家に赴いたところ、集まったご子孫に迎えられることになった。聞いたところ、子孫の方々は長野市等に拠点を移し、ふだんは誰もいない家だが、お盆の日なので一族が集まっていた由。計画したわけではなく、都合により偶然八月十五日に戸隠入りとなったのだが、それが幸いし、順調に話が進んだ。坂井家の皆様に翻刻公開のご理解をいただき、作業は何の差し障りもなく進められることになった。とても天気の良い日で、今でもその時のさわやかで親密な雰囲気が思い出される。

おかげ様をもって、乗因関係史料の多くを二〇〇一年刊行の『戸隠』㈠・㈡で公開することができた。基本的な資料の大半が、研究者間で共有できたといえる。その後十五年を経て、本書を公刊するにあたり、自らの歩みの遅さを痛感する一方で、たびたび戸隠に通い調査を実施したことが思い出される。

本書には故松井宮司父子をはじめ、何人もの戸隠の方々のご助力を得て作成した論考が収録されている。旧稿の転載については、該当する学会や出版社の許諾を得られた。また掲載した写真については、所蔵機関等のご高配を得た。岩田書院の岩田博社長には、困難な出版状況の中、ご無理をお願いした。改めて関係者の方々に感謝申し上げる次第である。

二〇一七年十一月

著者記す

著者紹介

曽根原　理（そねはら・さとし）

1961年　東京都生まれ
1984年　東北大学文学部卒業
1990年　日本学術振興会特別研究員(D. C.)
1991年　東北大学文学部助手(附属図書館勤務)
1994年　課程修了により博士(文学)
2005年　東北大学学術資源研究公開センターに配置換
2006年　同　助教
主要著書・論文
『徳川家康神格化への道』（吉川弘文館　1996）
「徳川家康年忌行事にあらわれた神国意識」（『日本史研究』510　2005）
『神君家康の誕生』（吉川弘文館　2008）
「天台宗談義所と相伝」（『中世文学』54　2009）

徳川時代の異端的宗教　―戸隠山別当乗因の挑戦と挫折―

2018年(平成30年)1月　第1刷　600部発行　**定価[本体2600円＋税]**

著　者　曽根原　理

発行所　有限会社岩田書院　代表：岩田　博　http://www.iwata-shoin.co.jp
〒157-0062 東京都世田谷区南烏山4-25-6-103　電話03-3326-3757　FAX03-3326-6788
組版・印刷・製本：熊谷印刷

ISBN978-4-86602-018-1 C3021　￥2600E